天国の母に届け！

お母さん 生んでくれて ありがとう！

木元正均

ぱるす出版

はじめに

「母さん、僕を助けてくれよ！」

母の胎内で鼓動を刻む小さな命は、殺そうと襲いかかってくる劇薬の中で必死に生き続けようともがきました。かろうじて命を繋いで生まれてきた私は、顔の皮膚がドロドロに溶け、口が三つに裂けた醜い赤ん坊でした。衰弱のあまり産声もあげなかった赤ん坊は、すぐさま古い毛布にくるまれ、山の墓場に埋められる運命にあったそうです。生まれたばかりの小さな命は心の中で懸命に訴えました。「母さん、僕を捨てないで！」

偉大な母の母性愛のおかげで、なんとか生き延びることを許された小さな命。体が弱かった少年時代には、いつも村の子供たちに「三つ口や～い！」「ウサギ口や～い！」といじめられました。少年はいつもひとりぼっちで川辺を歩きました。そして泣きながら川に向かって叫びました。「母さん、僕、絶対強くなるよ！」

1990年1月2日。友人宅に招かれて。

村一番の貧乏で、零下30度の中、雪をかき分けては落ち豆や落ちトウモロコシを一粒づつ拾って、子供たちに食べさせてくれた母。一所懸命に働くことを身を以って教えてくれた母、アカギレのため血まみれの手足に生味噌をすりこむ母を見ながら、「母さん、僕、大きくなったら絶対母さんを楽にしてあげる！」と、私は心の中で誓いました。

家族そろって迫害され続けた暗黒の文化大革命時代。ある日突然、父が自殺し、その棺の前で小さく震えている母の背中を見つめながら、私は夜空に向かって叫びました。「母さん、父さんの分まで僕が必ず母さんを幸せにしてあげるから！」

しかし、その願いは叶えられることなく、母は天に召されました。

それから20年以上の歳月がたちました。母に誓った願いを実現できなかった私は、母に何かして上げられることはないかと考えました。大きな立派な墓を作ってあげようか?、母の住む家の前を舗装道路にしてあげようか?、私は決心しました。母は熱心なクリスチャンでしたので母の召された最も天国に近い場所、世界最高峰のエベレスト山頂に立つことを。

「はっ……はっ……はっ……。もう少し、あと、少し」……。２０１１年5月20日午前4時頃、まだあたりが真っ暗な中で、私は目の前にうっすらと見える世界最高峰の頂きを前に、高ぶる感情をこらえるのに必死でした。ここで焦ってはいけない。ここで焦ったら一気に息が苦しくなる。下手したら死への階段を真っ逆さまに落ちかねないのです。一歩踏み出すごとに8回もの深呼吸を要する緊迫した空間で、体力の限界が近づく中、一歩ずつ、しかし確実に前に進んでいきます。

あと１００ｍ。50ｍ、10ｍ、３ｍ…そしてついに、渾身の一歩を込めて頂上の雪をしかと踏みしめ、まだ真っ暗な大空を仰ぎました。頭上に瞬く無数の星を仰ぎ、一瞬時を止めた後、私は全身の力を振り絞って大空に向かって叫びました。

「お母さん、生んでくれてありがとう！」

その声にならない擦れた叫び声は風音にかき消され、私の胸には言葉にならない想いが溢れていました。天国の母へ、あなたに最も近いこの場所から、私の人生最大の感謝を捧げます。なぜなら私の人生は、私が生まれた瞬間からあなたが天国に召されるまで、常にあなたに救われて生きてきたのだから。

この本は生まれることを望まれなかった運命にありながら、奇跡的に生かされた私と数奇的な生涯を送った母、そして私を世界の頂上に立たせてくれた兄弟、家族、友人たちとの「深い愛の物語」です。いつか親孝行したい、あるいはまだ親への愛に気づいていない人々に、何か新しい気づきのきっかけになることを願ってやみません。同時に、今、人生に苦しんでいたり、夢を諦めかけている人々に希望の灯をともす一助となれば幸いです。

平成26年7月30日

木元正均

目次

第2章 災難の文化大革命時代……30

第3章　家族の絆……65

コラム③　夫婦力　～100km歩くと人生が変わる～　81

第4章　幸せの彼方……87

第1章
苦難の幼少時代

誕生の秘密

今から60年前のことです。私は1955年1月20日、中国の東北部にある八道村（元・吉林省龍井市《りゅうせい》）という小さな村で生まれました。当時の中国は天災と人災による前代未聞の食糧難に苦しめられており、毎日のように多くの人々が飢餓と疫病で死んでゆく悲惨な時代でした。この大変な時期に、母は私を妊娠してしまったのです。この大飢饉の最中、ただでさえ貧乏ですでに3人の子供がいたわが家に、1人子供が増えるということは、家族全員が餓死に近づくということを意味します。

父と母は悩んだ末、私を堕ろすことを選択しました。苦渋の決断だったでしょう。当時、村の女性たちの間で風邪薬のアスピリンを10錠飲むと子供を堕ろせると言われておりました。母は家中のありったけのお金を集めて薬局に行きましたが、アスピリンは9錠しか買えませんでした。これでは1錠足りません。しかし、村では8錠飲んで子供を堕おろした女性もいたと聞き、きっと9錠でも大丈夫だろうと、母は心を鬼にしてアスピリンを飲んだそうです。しかし、運命の神さまの導きか、はたまた私がしつこかったのか、私は母の胎内に残り、小さな命を刻み続けました。もし、もう一錠買えていれば、私はこの世に存在していなかったはずです。わが家が徹底的に貧乏だったことに、百万回感謝してもしきれません。

ある人は言いました。「命の誕生に勝る喜びはない」

また別の人は言いました。「命の誕生に勝る神聖なことはない」

けれどもなんとか命を繋ぎ、やっと生まれた私の誕生を喜んでくれる人はいませんでした。私の誕生を笑って迎えてくれる人はいませんでした。深刻な栄養不良で衰弱しきった私は産声をあげることもできず、おまけに大量のアスピリンの副作用で顔の皮膚が溶け、口が三つにさけた状態で生まれてきたそうです。元気な子でさえ育てにくいこの時代に、こんなに衰弱した状態では、到底生きる見込みがありません。生後すぐ、私は古い毛布にくるまれ、部屋の隅に置かれ、完全に冷たくなったら墓場に埋められる運命だったそうです。皮肉なことに私は、生

日本の歌100選の中に「かあさんの歌」があります。その3番の歌詞に「～かあさんの　あかぎれ痛い　生みそを　すりこむ～」とあります。まさに私の母そのままの写生です。幼い私の脳裏に焼きつけられたこの光景は、今もわけなく涙を誘います。「どんなことがあっても、この子たちを守りぬく」母の固い誓いの裏に、血のにじむような必死の苦闘がありました。

母の生い立ち

真宗大谷派の僧侶、暁烏敏は言いました。

「十億の人に十億の母あらむも　わが母にまさる母ありなむや」

母・元仁華《げんじんか》は1917年5月7日、裕福な家のお嬢様として生まれました。母は上に兄が1人、下に妹が2人の4人兄妹です。その兄は国費でアメリカ留学に選抜されるぐらい勉強が良くできたそうです。母も賢かったそうですが、今から100年ほど前は、どこの国も同じだったようですが、女子に教育はいらないと学校に通わせず、早くから嫁入り修行をするのが普通でした。「学校に行きたい！」といくら頼んでも聞いてもらえません。母はしかたなく兄が砂箱（＊1）で漢字の練習をするのを見ながら字を覚え、周りもびっくりするほど覚えが早く、結局、祖父は根負けして、母を小学校4年生に編入させ、とても優秀だったた母は、すぐ5年生を飛び級して6年生になったそうです。

（＊1）箱に砂を入れ漢字を書いた後は箱を揺すって砂を平にしてまた書き、漢字の練習をするためのもの。

父の生い立ち

アメリカの孔子と呼ばれるラルフ・エマーソンは言いました。

「家庭は父親の王国で、母親の世界で、児童の楽園である」

父・朴炳和《ぼくへいわ》は1909年12月4日、知識人の家系の長男として生まれました。

祖父は専門職に近いキリスト教の長老でした。

祖父は息子を学校に行かせたかったたですが、父は勉強が嫌いでいうことをききません。「大きくなったら商売人になる」と言い、学校には行かず市場ばかりウロウロしていたそうです。体は小柄で、性格は短気なところもありましたが、行動力と威厳はあったそうです。

祖父は「このままでは、どうなるだろうか」と随分と気を揉んでいたようです。そんな時、祖父が1000キロも離れていた母の村で、キリスト教の説法をすることになりました。熱心なきリスト教徒だった母の父が、説教に感動したと、私の祖父を母の家に招待しました。話がキリストから両家の話へ、その場でお互いに会ったこともない父と母の結婚が勝手に決まったそうです。今では考えられませんが、昔はよくあったことのようです。

お嬢さまから大黒柱に

アメリカの作家バーバラーは書きました。

「母親の力は自然界の法則に勝る」

こうして母は１０００キロも離れた父に嫁ぎました。

父の家もそれなりの生活をしていたので、結婚当初は苦労もなく幸せな日々を送っていたそうです。しかし、中華民国から中華人民共和国に変わってから、個人の土地や財産はすべて取り上げられ、「集団労働、集団生活」です。わが家は一気に転落し始めました。

母も父と一緒に田植や畑の草取りや稲の刈り取りに出ました。野良仕事をしたことがない母でしたが、一所懸命、まわりの皆さんについていきました。父が精米所の２階の屋根から落ちて腰を痛め、仕事に出られなくなってからは、一家を養う全てが母の双肩に掛かりました。

父が働いていても大変な時代に、母だけの働きではわが家は貧乏そのものです。母は仕事の休憩時間に、豚の餌になる草取り、薪拾いと人の倍以上働いていました。

年間決算の時、わが家はいつも赤字で火の車。しかし母は、愚痴一つこぼしません。「お天道様は絶対落ちてこない。いつかはきっといい日がくる」と。

母はいつの間にか淑やかなお嬢様から、したたかな母親に変わっていました。

姉弟

中国の古い言葉に「手足の情」という言葉があります。兄弟の情というのは、手足のように切っても切れない大切なものであるという意味です。

私は苦しい時代を共に生きてきた三人の姉と弟がいます。一番上の姉弘愛《こうあい》は私より16歳上で、私に対する愛も理屈なき母の愛に近かったように思います。私は兄弟の中で一人だけ視力が弱かったのですが、羊のレバーが目に良いと聞いた弘愛姉は、よく50キロ先まで自転車を走らせ、私のために何度もレバーを運んでは食べさせてくれました。

二番目の姉弘蓮《こうれん》は6歳上で、まさに「女傑」という言葉がぴったりの男勝りの女性でした。153㎝と小柄ながら田植えをしても、薪を取りに行っても、大の男たちが感心するくらい、力強く、てっとり早く仕事をしていたのです。率先して親孝行、姉孝行をしながら、いつも妹弟たちを愛し、かばってくれました。弘蓮姉がもし男だったら私はいじめられることもないのになぁと、小さい頃によく

1966年2月15日。家族写真。前列右から、弟・弘基、母・仁華、父・朴炳和、私、後列、右、二姉・弘蓮、三姉・弘淑

思ったものです。

三番目の姉弘淑《こうしゅく》は4歳上で、おとなしい性格をしていました。小さい頃からよく食べ物を譲ってくれたり、本を読み聞かせてくれたりしました。私の父は厳しい人で、決められた家族のルールを少しでも守れないと、私たちを鞭で打って躾を覚えさせたのですが、弘淑姉は父の言うことをよく守っていたので、鞭の洗礼が一番少なかったと覚えています。

そして私の4歳下に弟の弘基《こうき》がいます。弘基は昔からユーモアがあり、愉快なことを言って周りを笑わせるのが大好きでした。おまけにいつも「兄ちゃん、兄ちゃん」と言って私の後を影法師のようについてくる可愛い弟でした。

こんな三姉一弟とともに、私たちは貧しいながらも苦労を分かち合い、支え合って生きてきたのです。

いじめられっ子

私は10歳頃まで体が弱く、それに三つ口のために幼稚園と小学校でいろいろなあだ名で呼ばれました。

ちょっといじめに遭うと泣いていたので、村では泣き虫で有名でした。私は姉たちや弟にも似てなかったので「あんたは村はずれの橋の下で拾われてきた子だよ」と、よく村の人たちにからかわれました。泣きながら「そんなはずがない」とむきになっていた自分を今でもはっきりと覚えています。

物心がつく年頃になると、自分より母の苦労が見えてきました。他の家のお母さんたちより倍以上働きながら、朝飯を抜きにし、アカギレに味噌を塗っている母を見ると、いつも涙が出ました。

「大きくなったら必ず母さんを楽にしてあげる」と心の中で誓いました。

当時、一番上の姉にきつく諭されました。いつも泣きながら帰ってくる弟に
「お前も男だろう。男はもっと強く生きなさい」と。

姉は私より16歳年上で、私が生まれた時のことを全部知っていて秘密を教えてくれました。青天の霹靂《へきれき》の告知でした。

自暴自棄から奮起へ

イギリスの政治家ベンジャミン・デイズは言いました。

「いかなる教育も逆境から学べるものには敵わない」

母のために頑張ろう、親孝行の意識が芽生え始めた矢先、頑張るどころか生きる気力さえ、無くしてしまったことがありました。

10歳になったある日、いつものように村の子どもたちにいじめられて泣きなが

ら帰ってきた私を見かねたのでしょう。姉の弘愛が「お前も男だろう、男はもっと強く生きなさい」とさとして、私の出生の秘密を教えてくれました。

劇薬にも耐え生き残ったこと、墓場に持っていかれる寸前で命をつないだこと。当時16歳だった姉はすべてを見ていたのです。きっと姉は、「私は生まれながらに強い男、強運な男なのだ」と伝えたかったのかもしれません。

自分も親になった今なら、当時両親がどれだけ苦しい思いでその決断をしたのかも理解できますが、10歳の少年の小さな心は深い悲しみと絶望で張り裂けそうでした。「なぜ、堕ろそうとしたのか、なぜ生きているのに死ぬのを待って山の墓場へ持っていこうとしたのか、そんなに私が嫌いだったのか、私が弱いのも、三つ口でいじめられるのも、親のせいじゃないか」と思うと、どうしようもなく父と母が憎くなってきました。

急に反抗的になり、親に対して口答えをするようになりました。今まではだまって堪えてきた父の折檻も「そんなに私が憎いなら、いっそ殺してくれ」と叫ぶようになりました。父が驚いて鞭を振れなくなりました。

結局、父と母は私が出生の秘密を知ってしまったことを最後まで知ることはありませんでした。私が言葉にしてぶつけなかったのは、やはりあかぎれまみれの手で苦労を重ねている母を、心底憎めなかったからです。弱虫、泣き虫のままの私でいいのか、いや、私は強い男なんだ。もっと強くなって自分の運命を見返してやるんだ。

私は変わりました。零下30度の酷寒の中でも朝５時に起き、たらいに水を汲み、体をえぐるような北風に向かって冷水摩擦をしました。体が熱くなってきたら学校の運動場に走りに行きました。どんなに殴られても泣かなくなり、そして強くなりました。いつも私をいじめていたガキ大将たちも遠慮するようになりました。

その一方で私はがむしゃらに勉強に励みました。母のため、どんなことがあっても絶対大学に行くと決めたのです。勉強がますます面白くなってきた時、まさか未曾有の文化大革命が襲いかかってくるとは、私は夢にも思いませんでした。このときから積み重ねてきた私の努力と決意が泡のようにはかなく吹飛んでしまったのです。

コラム：鈍牛不退

私は「牛」が好きです。「牛に引かれて善光寺参り」のような聖牛ではなく、泥臭く、ただひたすら人間のために一生懸命尽くしてくれる牛を、尊敬しているのです。自分は草ばかり食べながら乳を出し、田畑を耕し、荷物を運ぶその美徳と功徳には最大の賛辞を捧げたいのです。子どもの頃、よく牛に足を踏まれたり、糞をかけられたりしましたが、牛の背中に乗って草笛を吹いていたあの頃が、今は懐かしくてたまりません。

牛は、馬のように颯爽と駆けたり、戦争の前線に立って戦ったりはできません。しかし、「鈍牛不退」の言葉にあるように、牛は後ろに退くことを知りません。のろくとも一歩一歩たくましく前に進むのみです。

私が強く影響を受けた二番目の姉、弘蓮が「牛年」生まれです。姉は牛が犂や荷車を引くように、何をするにも一所懸命でがむしゃらでした。「鈍牛不退」の姉でどんなに苦しい時も後ろに引くことをしません。私には小さな姉が大きく映り、将来は姉のような人間になろうと心に決めていました。私が鈍牛を尊敬しているのは、姉の生き様と重なっているからかもしれません。

弘蓮姉はその後医者になりました。逆境吹き荒れる当時の中国で、姉が医科大学に入学したのは今思えば奇跡でしかありません。そして姉は医学教授になり、人口２２６万人もの地区の医療局長にまで登り詰めました。日本、アメリカ、韓国など海外の学術シンポジウムでも何度も論文を発表しています。

私は牛の像や小物を集めるのが趣味で、現在貴重な陶器製の牛から愛くるしい乳牛のぬいぐるみまで、およそ２００体ほどの牛の置物があります。この牛たちを眺めていると、私はこの牛たちに引かれてはるばる中国から日本へやってきたような気がするのです。

第2章
災難の文化大革命時代

悪夢の始まり

哲学者でもあり教育者でもある森信三は言いました。

「逆境は神の恩寵的試練なり」

それにしても1966年から77年まで続いた　文化大革命がわが家を破滅的な窮地に追い込んだことは、いまだ納得がいきません。今の中国の歴史に深く語り継がれる文化大革命は「封建的文化、資本主義文化を批判し、新しく社会主義文化を創世しよう」と言う運動で、当時は新しい理想社会の幕開けだとみんな信じておりました。

私が生まれた八道村は2000人ほどが住む小さな村、そしてわが家は村一番の貧乏でしたが、家の中は家族みんなで支え合い、笑いが絶えない温かい家庭でした。それがある日のことです。突然、父と母が紅衛兵《こうえいへい》に連行されました。北京を中心に燃え上がっていた文化大革命の火種が、ついにこの静かな山村に飛び火したのです。私が11歳のときでした。

紅衛兵とは、文化大革命初期に台頭した青年学生運動で、「旧思想、旧文化、旧風俗、旧習慣の打破」をスローガンにしていました。この「四旧の打破」の矛先が真っ先に標的にしたのが宗教でした。宗教が「反逆罪」と見なされてしまうようになったのです。

連行された中学校の運動場には尖り帽子をかぶせられたカトリックの神父の首に、「宗教はアヘンだ」の板の看板が掛けられました。村のキリスト教の長老をしていた父も、たちまち尖り帽子をかぶせられ、看板を掛けられ、みんなの前に立たされました。母も父の横に立たせられました。

紅衛兵たちは神父と父に「坦白従寛、抗拒従厳！（正直に白状すれば寛大に処罰し、逆らえば厳しく処罰するぞ）」と叫びながら、罪を認めるように父を脅かすのです。しかし、正直者で短気な父は「信仰は憲法上自由だ。保障されている。何が罪だ！」と反抗しました。おとなしく黙っていたカトリックの神父さんに比べ反抗的な父は、たちまち紅衛兵から踏んだり蹴ったりの暴行を受け、何十人にも殴られ父の顔はボコボコにはれ、首から下げた重い木の看板の針金が父の首に食い込んで血がにじんできます。父をかばおうとした母までもがひどい暴行を受けました。

それからも何回も連行されては同じ虐待を受け続けました。家は徹底的に調べられ、天井に隠していた聖書と関連書籍、そして母の貴重な昔の写真まで全部を焼かれてしまいました。まだ、幼かった私たちには何がおきているかも分からず、どうすることもできませんでした。

その後、少しずつ文化大革命の矛先が宗教から権力者に向かって、父への暴行は弱まったのです。ですがその頃、父はまるで別人のように変わってしまいました。精神状態の不安定から2カ月ほど失語症になり、目からすっかり光が消えうせ、自分のジェスチャーが伝わらないとイラついて茶碗を投げていました。

五十数年を正直一筋に生きてきた父にとって、長老という立場だけでいわれのない「反逆罪」の非難を受けるのはあまりにも惨いものでした。酒も飲むようになり、この精神的な弾圧に加え、一家の主として働けない父は、すべての負担を母に負わせなければならない苦痛で心が蝕まれていったのです。

母の悪戦苦闘

イギリスの詩人、ジョージ・バイロンは書きました。

「どんな空模様であろうとも、どんな風雨であろうとも、私は立ち向かう準備ができている」

悪夢はさらに続きます。母は父のことだけでもさんざん苦労していたのに文化大革命の矛先が宗教から権力者に向かってからは、裕福だった母の実家までもが槍玉にあげられました。「資本主義を徹底的に排除しよう」とする文化大革命では、昔の地主、資産家はすべて「歴史的反革命者」の烙印を押されました。母の実家も裕福だっただけで「反革命者」のレッテルを貼られてしまいました。父の宗教問題と母の反革命者問題は本人だけでなく、文化大革命が終わるまで私たち子どもの足を引っ張り続けました。

しかし、母は負けていませんでした。負けられなかったのかもしれません。母はいくどとなく私たちに言いました。「お父さんは優しくて人情味のある人だ。

決して悪い人間ではない。母さんのおじいさんも自分の汗と努力で富を築きあげた勤勉な男だ。よい人を悪い人に仕立てる社会が悪いのだ」と。

先見の明

アメリカの歌手、スティーヴィー・ワンダーはいいました。
「母は私の最も偉大な教師である。母は慈愛に満ち、何ものにも恐れない精神に富んでいる教師である」

文化大革命ですべての学校で授業がなくなりました。ようやく勉強が面白くなり一所懸命に頑張ろうと決めたものの、私も10代の子どもです。遊びの誘惑には勝てません。毎日里山に行っては雉の卵を捕ったり、川で魚を獲ったりして遊んでばかりいました。見かねて母がある日、「少にして学べば、壮にして行く道を照らしてくれる。壮にして学べば、月のように行く道を照らしてくれる。老にして学べば、ろうそくのように行く道を照らしてくれる。ろうそくは太陽と月の明かりにははるかに及ばないが、暗闇の中で転ばないように照らしてくれるのだ」。中国春秋時代の晋平公《しんへいこう》の話からきたと思いますが、いつになっても勉強をやめてはならないと、私を呼んで諭しました。

若いうちに勉強しておかないと、大きくなって苦労します。今のうちに私について日本語を習いなさいと、母が小学校に行っていた１９３０年代、中国の東北部は日本軍の支配にありました。どの学校でも日本語教育が徹底しており、母もそこで日本語を学んでいたそうです。学校内では日本語しか話してはならず、中国語を話そうものなら教室の前に立たされたり、トイレ掃除をさせられたりしたそうです。振り返ってみれば、母は本当に美しい日本語を話していました。

しかし、文化大革命真っ只中の中国では状況が違います。日本語がわかるだけで日本のスパイにされた時代に、母は内緒で私に日本語を教え始めました。今思えば、母には先見の明があったのかもしれません。平仮名とカタカナの五十音図を書き、昔の記憶をたどり第1課から13課まである日本語のテキストを作りました。今、私が覚えているのは「白組がんばれ！　紅組がんばれ！」の第1課「運動会」だけとなりました。

こうして、早くから母に日本語を学んだおかげで私は15年後に吉林大学日本語学科に入ることができました。日本語のおかげで今の妻があり、今の娘があり、今の幸せがあることを思えば、母にいくら感謝しても感謝しきれません。

大学への絶望

フランスの小説家、オノレ・ド・バルザックは言いました。

「諦めは日常的な自殺行為である」

1年後、やっとのことで再開された小学校の授業、私は遅れを取り戻すべく朝早くから夜遅くまで勉強に励みました。中学校、高校とこの生活は続きます。文化大革命以降、授業の内容は激変し「毛主席語録」の丸暗記などが課せられましたが、私は全76頁を完璧に暗唱し、さらに寸暇を惜しんで大学に入るための勉強に励みました、

私の故郷八道村のある龍井市は人口20数万人の都市でした。私は八道村の高校

に通っていましたが、努力の甲斐あって龍井市の高校統一試験で一，二位を争うようにまでなりました。龍井市の高校卒業生の中で唯一全科目95点以上、平均98点の成績で最優等生の名誉を勝ち取りました。

しかし高校から大学への夢は、はかなく終わってしまいました。１９７３年６月に実施された大学試験で、遼寧省の張鉄生という受験生は物理化学の成績が１００点満点中わずか６点でした。そんな成績では当然大学に進学することは不可能です。しかし、張さんが答案用紙の背面に書いた一通の手紙が、収まりかけた文化大革命の火種を再燃させることになります。

張さんの手紙の内容は、大学の受験制度に疑問を投げかけるもので、資本主義の黒い思想を持った勉強虫が大学に入り、自分のように赤い思想を持った革命派の模範学生が大学に入れないのはいかがなものかという内容でした。

これが当時、遼寧省トップで毛沢東の甥にあたる毛遠新の目に留まり、４人組が鄧小平を再失脚させ、中国を暗黒に導く道具になりました。たちまち現行の大学受験制度は資本主義への逆戻りと批判され大学入試制度が「試験制」から「推薦制」へと大きく改革されました。大学入学への唯一の道は３年間肉体労働をささげ、地元の推薦を受けるしかないという状況になってしまいました。大学を夢見て受験勉強に励んでいた私はまたしても奈落の底へ突き落とされました。悔しくてならないのは、なにが悲しくて物理、化学が6点の生徒に私が10年以上熱望していた大学への道が阻まれなければならなかったかということです。

大自然への挑戦

アメリカ第37代大統領リチャード・ニクソンは言いました。
「人間は負けたら終わりなのではない。辞めたら終わりなのだ」

高校から大学への道が閉ざされ、私は絶望にうちひしがれました。しかし、国の決定は覆りません。私は覚悟を決めて、必ずいい大学に推薦してもらえるよう3年間どんなことがあろうとも肉体労働に耐えぬくことを決意しました。小さい時から薪を背負って山を登り降り、田植えや畑仕事で骨を太くしてきた私は、どんな苦労にも負けない自信がありました。

しかし、政治は人を殺すことも、あるいは表舞台から永遠に抹殺することもできることを、純粋な若者は知る由もありません。前からの凶弾は怖くなかったですが、後ろから飛んでくる毒矢は避けようがありませんでした。

八道村には12の生産隊があり、私の配属された第2生産隊は12生産隊の中で収穫量や賃金が最低でした。一つの生産隊は30戸から40戸で150人ほどの人口です。第2生産隊はそのなかで一番貧しく、凶年の時には1日の工賃が0・20元（3円）ほどしかありません。

大雨の日など畑に入れない日を除いて年350日間働いても70元（1050円）です。なぜこんなところまで落ち込んだかというと、それは人災によるものでした。

1970年代、中国の農村では革命思想をよくすれば穀物の収穫量が上がるとみなされていました。油を売っても口だけ達者な人はよい報酬が得られ、反対に仕事がよくできても無口な人は思想評価が落ち、低い報酬になります。そうすると、真面目な人は労働意欲を失い、精一杯働こうとしません。私がいた第2生産隊はその典型で、色々な批判会、闘争会では村一番でしたが、穀物収穫量はいつもビリ。その政治主導のリーダーの3人組が第2生産隊のすべてを牛耳っていました。

他人より早く起きることも、遅くまで起きていることも、倍以上働くことも苦になりません。毛沢東の語録を暗記することも、マルクス・レーニンの著作を読むことも、立派な感想文を書くことも苦になりませんでした。私は「第2生産隊の貧しさを変えよう」というスローガンを打ち出し、昼となく夜となく働きました。草が穀物より勢いよかった田畑が逆転し、豊作の秋を迎えました。一日の工賃も一気に0・8元（12円）になり、第2生産隊の社員は大喜びです。わが家も弘淑姉と2人で880元（1万3200円）あった借金を200元ほど減らすことができました。しかし、これが3人組の逆鱗に触れることになりました。

穀物の収穫量が上がると、各家庭に分配されるお米やトウモロコシの量も増えます。早くも私を生産隊長に押す声があがりました。1年目の奮闘で手ごたえを覚えた私たち青年団は2年目の計画と目標に燃えていました。

危機感を感じた反対勢力の3人組は、「眼中に共産党無し」「生産第一で政治をばかにする」「家庭背景に問題が多すぎる」などと私をつぶしにかかりました。

それでも私を支持する人々のほうが多く、今年はもっと頑張るぞと闘志を燃やしていました。

この大変な時期にわが家を揺るがす大事件が起きました。

父の自殺

ウィリアム・シェイクスピアは言いました。

「成し遂げんとした志を、ただ1回の敗北によって捨ててはいけない」

私の人生には唯の一回どころか、幾度となく大きな試練が与えられてきました。大学への道が絶望視されていた中から、何とか希望の道を見つけだそうとしていた矢先の１９７４年、私が19歳のとき父が突然自殺したのです。全財産を政府に取り上げられ、さらに屋根から落ちて腰を痛め全く働けなくなった父。そして初期の文化大革命ではキリスト教と言うだけでいわれのない反逆罪で迫害を受け、父の精神はボロボロでした。思い返せば亡くなる直前、よく母の手を握っては「お前に苦労ばかりかけてすまん」と繰り返していた父の姿が目に浮かびます。父も苦しんだのです。自分はこの家のお荷物でしかない、自分のせいで家族に余計迷惑がかかってしまう、だから、長男である私が高校を卒業して社会に出るのを待って己の人生に自ら終止符をうったのかもしれません。

しかし、私は父を恨みました。当時の自殺は社会主義と共産党への反逆行為で「反革命の罪」と見なされていたのです。私たち一家の主が自殺した「反逆罪の家族」という烙印を押され、村のどこへ行っても猛烈な非難を浴びるようになりました。第2生産隊の私の活躍を快く思っていなかった反対勢力3人組はここぞとばかりに容赦なく私を踏みにじりました。父の代わりに大会で何回も反省させられたり、生産隊長の話は議題にすらあがりません。

母はただ、棺の前に座って涙を流していました。姉も大学に行き、私も社会に出て、もう少し我慢すれば長年の借金生活が終わるのです。母に苦労をかけただけでも罪が重すぎるのに、なぜこんな手段を最終で母の胸に釘を打ったか。「一生父を許すもんか」母の小さく震える背中を見ながら私はそう思ったのです。

父の死を冷静に、まともに考えられるようになれたのはエベレスト登頂直前の

２０１０年、55歳のときでした。この空白の36年間は父のことを考えるのをずっと頭が拒否していました。

自分への挑戦

イギリスの詩人オリバー・ゴールドスミスは言いました。

「最大の名誉は、決して倒れないことではない、倒れるたびに起き上がることである」

文化大革命の迫害や父の自殺で社会に出てから初めて貰ったへビーパンチに頭がふらつき、息ができないほど苦しかった。しかし、どこまで耐えるかは結局自分との闘いでした。私が諦めなければ何度でも立ち上がれる。立ち上がれば必ず勝利はこの手につかめるはずだと信じるようになりました。

「私はもう何も怖くない。これ以上下に落ちることはない。だから、私には明るい未来しかない」と思うと心身ともに楽になりました。

19歳の青年は己の燃え盛る情熱を惜しむことなくわが道にぶっつけました。母のために必ず大学に行く、必ず母を楽にしてあげるという私の信念は一層強固なものになりました。前にもまして働き、前にもまして毛主席語録を勉強しました。毛主席の語録は自己防衛の最強の武器でした。

朝3時ごろには必ず起き、好天の日には青年隊員を呼び起こし、雨と雪の日には1人で朝飯前の奉仕作業をしました。各家庭から出てくる糞尿を毎朝集め、山から取ってきた腐葉土と混ぜて有機肥料を作りました。田植えのシーズンには、朝3時から夜8時まで働き、普通の社員と同じ工賃で満足しました。１９７４年は長い、長い一年でした。

いよいよ実りの秋を迎え田畑は私たちの期待に応えてくれました。穀物の収穫量は最高記録を突破し、一日の工賃も第2生産隊有史以来の1元（15円）を超えました。わが家の借金も一気に３００元ほど減り、残りの３８０元は射程内でした。現金を手にする家庭が増え、第2生産隊の忘年会はいつになく歓喜にあふれました。私も思いっきり歌い、思いっきり踊りました、父の死後、初めての笑いでした。

私の献身的な努力はついに第2生産隊社員の心を動かしました。他の11の生産隊からも評価を受けるようになりました。正面攻撃が効かなくなった反対勢力の３人組は、表では私を褒め殺しにし、裏では上層部に悪口ばかりです。反対勢力の３人組がいくら巧みに告げ口をしても、第2生産隊が貧困生産隊から脱出し始めた事実、その中での私の役割を否定することはできませんでした。第2生産隊の社員たちが怒り、上層部に３人組を訴え、上層部から調査団が派遣されました。３人組は調査団と社員代表の前で、何も言うことはできませんでした。

１９７５年1月、私は第2生産隊隊長に推薦され、5月私の共産党入りが認可されました。同時に私は八道大隊（12の生産隊の集合体）ナンバー2に抜擢されました。第2生産隊の３人組の党内外の職務はすべて解かれました。

大学への推薦をもらうすべての条件がととのいました。当時、龍井市では2～3人が北京大学、清華大学に推薦されていましたので、私は確かな手ごたえを感じ、静かに時がくるのを待っていました。私は医科大学で勉強している弘蓮姉に手紙を書きました。涙の手紙でした。当時の切手代は０・０８元（１・２円）でしたが、わが家には切手を買う現金がなく、小さい時から可愛がってくれた小学校の先生に買ってもらいました。

お金を借りる恥ずかしさより、20年以上も現金収入のない生活を営んできた母のことを思うと心が痛みました。私は心の中で叫びました。

「母さん、もう少しの辛抱です。私が必ず母さんを幸せにします。死んだ父さんの分まで……」

捨て石

「花は献身的で見返りを求めないから美しい」

私の活躍を姉たちは自分のことのように喜んでくれました。

一番上の姉弘愛は結婚して2人の子どもの育児中でしたが、毎月少しずつお金を貯めては私と弟の大学進学のために送ってくれていたのです。

2番目の姉・弘蓮はまさに男勝りの女でした。自分の運命を嘆くことなく、果

長姉・弘愛と義兄・福吉。高遠の櫻見物。

敢に立ち向かいました。１９６４年８月、長姉・弘愛の援助で高校には入りましたが、まもなく文化大革命が始まりました。父の宗教問題と母の実家の問題が足かせになり、にっちもさっちもいかない日々が続きました。同じ境遇の高校生は大学の道をあきらめ結婚しましたが、弘蓮姉はあきらめませんでした。田舎に戻された姉は、昼は人の倍以上働き、夜は勉強を続けました。

１９７２年、鄧小平が失脚から名誉回復し、大学受験が７年ぶりに実施となりました。姉は優秀な成績で試験を通りました。文化大革命中は家庭背景が重要視され地元の推薦が得られないと大学は行けません。絶望的でした。姉は30キロ離れた龍井市教育委員会まで歩き、3日間の涙の訴えの末、ついに医科大学の切符を手にしました。

親の問題で弘蓮姉は数々の迫害を受けました。都会の美術記念館の試験と面接をパスし、就職することになりましたが、地元の反対勢力のトップが美術記念館を訪ねて、「歴史背景に問題のある子女を使っていいのか」と横槍を入れ、姉は就職2カ月で田舎に呼び戻されました。その後も大学からの推薦でチャンスがありましたが、ことごとくはねられました。その間は還暦を過ぎた母の面倒を見てくれましたので、私も弟も安心して母を田舎に残して学校には行くことができました。

鄧小平の名誉回復がなかったら、姉の大学の夢は夢で終わったことでしょう。姉は大学に行くときに、「姉さんは女だから、反対勢力に勝てずに故郷を離れます。お前は男だから、反対勢力に勝って、必ず大学に行きなさい」。

私は涙ぐんでいる姉を見送りながら、ただ「うん」とうなずくだけでした。あの反対勢力に勝つということが、孤軍奮闘の私にとって、どれだけ大変なことになるとはその当時は知る由もありませんでした。

3番目の姉、弘淑は16歳のときから野良仕事を強いられていましたが、姉は別に苦にすることもなく、きつい仕事も逆に楽しむかの様に見えました。しかし、一番困ったのは冬の薪です。薪刈りは本来男の仕事なのですが、姉は私と弟の勉強の時間が多く取れるようにとの配慮からか、野生の虎が出没する冬の雪山に出かけては一人でせっせっと薪を取ってきたのです。

こうして3人の姉はわが身を捨て石にし、弟たちのために尽くし続けてくれました。母だけでなく、姉たちの献身的な愛にも支えられて、辛く苦しい青年時代を生き抜くことができました。

文化大革命の終焉

「人間万事塞翁が馬」幸せや不幸は予想のしようがないことの例えです。

丸3年働き続け、全12生産隊のナンバー2にまで抜擢された私は、大学への推薦入学の時期を静かに、しかし猛烈に待ち構えていました。ところが困ったことに私の活躍ぶりを知った龍井市の青年団委員会本部が私を幹部に指名し、八道村から龍井市に召喚したのです。毎年の12月にある大学推薦を狙っていただけに、私は幹部の道をかたくなに断りましたが、当時、共産党員としての組織の命令には無条件に従わなければなりません。こうして、またもや実現の一歩手前で3年かけてやっと摑んだ夢の大学へのチャンスが、無となってしまったのです。

1976年は中国にとって政治変動のめまぐるしい一年でした。1月8日に周恩来総理が逝去、7月6日には朱徳中国人民代表大会委員長が逝去しました。この2人の巨人を追うかのように9月9日毛沢東主席が逝去しました。中国全土が悲しみに明け暮れているさなか、北京では激しい権力争いが水面下で始まっていました。

鄧小平はこの年の4月にすでに失脚していましたが、次のチャンスを虎視眈々と狙っていました。10月6日、中国の国慶節が終わって間もない時期に、軍権を掌握していた叶剣英国防大臣が毛沢東の妻江青をはじめとする4人組を緊急逮捕し、これをもって10年間続いた文化大革命は幕を下ろすことになりました。

地方の私たちはこのような中央政府の動きを知る由もありません。やっと龍井市青年団委員会の仕事に慣れかけたと思ったら、４人組への批判運動が始まりました。毛沢東の妻がなぜ悪いのか、まったく理解できずにいました。国家主席だった劉少奇の失脚に、毛沢東の後継者と決まっていた林彪の海外逃亡劇など激動の時期でした。

大変だったのは、私のような一介の新人幹部が政治にもてあそばれたことでした。１９７７年2月、中央政府から新しい指示が伝達されました。

文化大革命中に昇進した新人幹部は全員元の位置に差し戻せとの通達です。これによって私はすべての立場を取り上げられ、翌月電線工場へ左遷されました。私は泣きたいほど悔しかった。別に幹部職への出世に未練があったわけではありません。ただ、大学推薦を目前に無理やり幹部に引っ張られたために、たった2カ月で憧れの大学への夢は電線工場へとカーブを切ったのです。

龍井電線工場は国営企業で、太いアルミニューム線、銅線を細くして高圧電線から家庭用電線までを造る１００人余りの会社でした。土の扱いには自信がありましたが、鉄は全くの素人です。見習い工の給料は21元（３１５円）で、龍井市幹部の初任給36元（540円）よりかなり減りましたが、昔の田舎の生活に比べれば天国のようなものです。冬の大学推薦を受けるために、一所懸命に働きました。3カ月が過ぎて仕事に慣れてきたら、見習い工の身分なのに班長に抜擢されました。

そうした間にも政権はめまぐるしく変わっていきました。1977年7月、鄧小平が名誉回復されて指導部にもどり、10月に中央政府は文化革命中期から実施していた大学への「推薦入学制度」を廃止し、かっての「試験入学制度」に戻す決定を下しました。そして1977年12月、10年ぶりの大学入学試験が実施されました。「待ってました」と中国全土の若者が受験したのです。幹部を解雇されてから何とか勉強を復活して、やっとの思いで大学入試を受けた私でしたが、学校を卒業してから何年も肉体労働に明け暮れしていた代価は大きいものでした。

私は高校卒業成績平均98点という過去にうぬぼれていました。希望大学の設定が高すぎました。龍井市で1位の成績を取っていた私は「井の中の蛙」で中国全土の秀才たちが一同に狙う中国最高峰北京大学には及びませんでした。

外部からの迫害やプレッシャーには負けない私でしたが、身の程知らずの身から出た錆には、自身への怒りで、自分を殺したいくらい憎みました。

半年後の1978年に2度目チャレンジは、2日目の物理が思わしくなく、3日目の受験を放棄。私はハンマーで頭を殴られたように目の前が真っ暗になりました。

中国には「無顔見江東父老」（故郷の親に合わせる顔がない）という言葉がありますが、まさに私のことでした。現役高校生の受験参入で大学のハードルはだんだん高くなっていきました。理想と現実のギャップを痛いほど思い知らされました。

男を捨てる覚悟

「まだ上げ初めし前髪の、林檎のもとに見えしとき」

島崎藤村の「初恋」の冒頭ですが思春期を経て、男女が恋に落ちるのは当然のことです。しかし、めまぐるしく変化する状況のなかでどんなに耐え忍んでも努力をしても、いつも直前に白紙に戻される夢と現実のギャップ。私の気持ちはかなり高ぶっていました。周りには「できちゃった婚」で夢をあきらめる若者が続出していた時代でもありましたから、ここで私は人生を懸けた一大決心をしました。「男」を捨てる覚悟でした。恋の誘惑に負けないように、私は去勢を決めました。22歳のときでした。

中国ではその昔、宦官《かんがん》と言って、皇帝に使える男が去勢する風習がありました。私はご先祖さまには申しわけないと思いながらも、家系のことは弟に託すことにしました。

私は人生の一大決心を胸に、龍井市で一番大きい市立龍井第一病院に行きましたが、なかなか手術してくれません。逆に精神病院での検査まで進められました。当時は一人っ子政策の前哨戦のパイプカットが押し進められていましたので、私はなんとか龍井市衛生局の手術許可証明書を入手し、病院へ直談判をしていました。病院側は私の唐突な行為に手を焼いていて、3回目の談判をしているさなか、故郷の八道村にある病院のL先生がたまたま病院を訪ねてこられて、院長室で鉢合わせしてしまいました。驚いた先生がことの顛末を、私の家に連絡を入れ、たちまち故郷の八道村は私のうわさで大騒ぎ。私が強制的に精神病院に入れられたという噂まで広がりました。

すぐに弟が飛んできました。2日間何も言わずに私の寮で寝泊まりしながら私を観察し、3日目の朝、「兄貴、母さんがだいぶ心配してるぞ」と話を切り出しました。その言葉を聴いて私は目を覚ましました。

今にして思えば私も精神的にかなり極限状態になっていて、自分を追い詰めすぎていたのでしょう。弟に「お母さんには申しわけないことをした。お前が見ている通り私は心身ともに健全だ。もうこんなバカなまねはしないからお母さんによく話してくれ」と私は頼みました。心配をかけてすまなかった。もうこんな馬鹿なまねはしないから。

龍井市のホープとおだてられてから、わずか5カ月で、電線工場の見習い工に落とされた私は、東西南北の分別が全く効かない真っ暗闇の中で、泣くに泣けず、もがくことしかできませんでした。

夢の大学

フランスの文豪ヴィクトル・ユーゴーは言いました。

「私はむしろ自分の微力で自分の前途を切り開いても、権力者に媚びたりはしない」

大学入試制度が再開されて2年が経った1979年7月、3度目の挑戦で私はついに吉林大学外国語学部日本語学科に合格しました。

吉林大学は当時、総合大学の中では、北京大学、上海復旦大学、南京大学、天津南開大学に次いで、武漢大学と5位を争っていました。学長の唐敖慶教授が中国最高学術機関、中国科学アカデミーの主席をしていたので、吉林大学は全国重点大学の中でもかなり有名でした。当然全国からレベルの高い学生たちが集まってきます。私は長い間大学を熱望しながらも文化大革命や、父の自殺に翻弄されて苦節14年、24歳にしてやっと大学に入学できたのです。

「大学に入る」「親孝行をする」という2つの夢のうち一つを叶えることができ

た私は、もう一つの夢のため毎日猛烈に勉強を重ねました。

しかし、運命の神様はそう簡単に私を解放してはくれませんでした。入学して1年ほどたったある日。私は6人の学生と一緒に突然退学処分を受けました。理由は入学時に年齢が基準よりオーバーしていたと言うのです。なんと理不尽なことでしょう。そもそも年齢制限にひっかかったのは政府の決定に振り回されてきたせいではありませんか。私は目の前が真っ暗になりました。死ぬ思いでやっとここまできたのに私はいったい何度地獄へ突き落とされればいいのだと自分の運命を呪いました。

吉林大学は中国教育部（日本の文部省にあたる）の直轄校でしたので、すでに出した処分決定は、なかなか覆すことができません。私以外の学生たちは泣きながら故郷に帰る荷造りをしていました。

私は言葉にならない怒りに震えていました。私のために自分を捨て石にしてくれた姉たちになんと言えばいいのか。何より母に、あんなにも大学入学を喜んでくれた母に、私はどんな顔をして会えばいいのか……。

「ここまできて負けたら、元も子もありません。負けてたまるか」

私は大学のナンバーワンからナンバーテンまでの幹部全員と直談判しました。最初は相手にしてくれなかった彼らも、休日に邸宅の木をよじ登って庭に入り、必死に訴え続ける私に同情したのでしょう、中央政府と交渉し私たち全員の処分は取り消されました。この出来事で6人から猛烈に感謝され、大学中で私は一躍有名になり、2回生になったばかりでしたが、外国語学部生徒会副会長に抜擢されました。

しかし、政治の道の辛酸をなめきってきた私は、退学処分を撤回してくれた恩返しとして、半年だけ学校に奉仕し、それからは自分から進んで副会長を辞め、勉強に専念しました。

黄金切符

明治の評論家河盛好蔵は言いました。

「若者は野心と夢に満ち溢れることに意味がある」

私には野心がありました。当時の吉林大学では、日本語学科の卒業生から一人選抜して国費で日本留学をさせていたのです。なんと毎月20万円のお金をもらいながら、日本で5年間の博士コースで学べるというまさに「ジャパンドリーム」でした。

私は新たな夢を抱きました。いつの日か母を連れて日本の地を踏むのだ。母が教えてくれた日本語で、母に人生最大の親孝行をするのだ。憧れの大学で勉強に励み、新たな夢も見つかったこの頃、私の人生は輝いていました。２年先輩ではCさんが選ばれて日本へ行きました。1年先輩ではYさんが選ばれました。いよいよ次は私の番です。朝は5時から、夜はロウソクがなくなるまで毎日勉強に励み、燃えていた私は、毎年の成績優秀者に贈られる「模範学生賞」を4年連続でいただいていました。「次はお前の番だな」と知り合いの教授や先輩たちが口をそろえてそう言ってくれました。私は口では謙遜していましたが、私の野心が現実となる確かな手ごたえを感じていました。

ところが、ここでまた運命の神さまに私のすべての努力をひっくり返されました。一つ年上のYさんが酒の飲みすぎで、直前の健康診断にひっかかり日本への留学が取り消しになりました。これには中国教育部が激怒しました。中国全土で北京大学と吉林大学にしか与えていない貴重な2枠の1枠が台無しにされてしまったのです。

運命のいたずらというか、私が卒業する時には、その1枠は吉林大学から上海外国語大学に回されていました。自分だけの努力だったらそれほど悔やまなかったでしょう。すべての前途を放棄して故郷へ戻った弟のことを思うと、いくらYさんを恨んでも恨みきれませんでした。

時を経て、31年経った2013年3月、私は福岡で大学教授をしているYさんと一献かたむけました。もう昔の怨みはありませんでした。その時、日本留学を果たせなかったおかげで、今の妻と結婚し、今の娘がいます。今になってはYさんに感謝するのみです。Yさんは苦笑しながら手にした盃を呑みほしました。

コラム②：文化大革命はなぜ起こったのか

「封建的文化、資本主義文化を批判し、新しく社会主義文化を創生しよう」

今なお歴史に大きく刻まれている中国文化大革命は、１９６６年６月から１９７６年９月までの10年間続きました。文化大革命の国際的な背景には、アメリカが介入したベトナム戦争と中国とソ連の仲たがいがあります。国内の背景には、１９５９年から３年間続いた中国大躍進政策の失敗による国民の不満と執行部の焦りがありました。

「大躍進政策」とは、毛沢東がアメリカやイギリスを経済的に追い越すという夢を見てとった農業・工業の大増産政策のことです。これは中国の経済的基盤を無視した大きなミスでした。自然災害と重なったこともあって、この政策は3年間で数多くの餓死者を出す大失敗に終わり、毛沢東は国家主席の座を追われることになりました。

また、文化革命の直接的な発端の原因は『海瑞《かいずい》罷官《ひかん》』という京劇でした。ストーリーの内容はこうです。明王朝の時代、大衆の尊敬を受けていた清廉な官吏の海瑞は、当時の嘉靖《かせい》皇帝が悪徳官吏の話ばかり聞いているのを見過ごすことができません。海瑞は死を覚悟して、棺桶を背負って上京し、皇帝の腐敗政治を直接諭しました。激怒した皇帝は海瑞の処刑を命じますが、よくよく考えてみると海瑞のいうのが正しかったので、処刑の取り消しを命じます。この京劇は、毛沢東の行き過ぎた政策を批判して罷免された彭徳懐《ほうとくかい》を暗に弁護しており、結果的に文化大革命の引き金となりました。(注)

文化大革命とは、「政治・社会・思想・文化の全般にわたる改革運動」という名目で開始されたものの、実質的には大躍進政策の失敗によって国家主席の座を追われた毛沢東が、自身の復権を画策して引き起こした大規模な権力闘争と言えるでしょう。

(注):中国建国者の一人。中国共産党政治局委員、副総理兼国防大臣を歴任。

第3章
家族の絆

一目惚れ

フランスの詩人ニコラ・ボアラは書きました。

「人が天から心を授かっているのは、人を愛するためである」

大学卒業も間近の1983年初春、私が28歳の時、愛のキューピッドは私と妻の聖花を赤い糸で結んでくれました。当時、聖花は1000キロも離れた大連工業大学で講師をしていたのですが、私の大学の先輩が妻の大学の研究室に入ったご縁で私たちは出会うことになります。ここだけの話ですが、最初先輩から話がきた時、まだ母孝行という夢を実現できていない私は、正直あんまり気が進みませんでした。しかし、先輩の手前、会わずに断るのも申しわけが立たないので、とにかく一度会って、自分にはまだやり残したことがあるからとお断りしようと思ったのです。それが大連市の鉄道駅に迎えにきてくれた優しい笑顔の女性を一目見て、私は恋に落ちました。

1000キロもの距離を旅してきた疲れなんてふっとぶくらい、猛烈な恋に落

1983年、大連の海で聖花と愛を育む。私はこの時、はじめて海を見た。

ちたのです。この女性だったら命を懸けてもよいと心に決めた私は、猪突猛進のごとく彼女にアタックしました。嬉しいことに彼女も私の気持ちに応えてくれました。文化大革命時代には恋愛が御法度だった2人は、少し遅れた青春時代を謳歌するがごとく、美しい大連の海辺で恋心を育みました。生まれて初めて見る海を、生まれて初めてゾッコンに惚れ込んだ彼女にたとえ、私は詩を贈りました。

嗚呼、海よ！
僕は君にすべてを奪われた
僕は君からすべてを賜れた
物言わぬ君は

見えぬ僕の胸に
静まらぬ波を立たせ
僕は叫ぶ
君に抱かれて
いつまでも
いつまでも

恋愛と結婚

中国のことわざにこうあります。
「有縁千里来相會　無縁対面不相識／縁があれば千里離れていても会うことができるが、縁がなければ顔をあわせても知り合いにもならない」

こうして私と彼女は遥か1000キロの距離を経て愛を育んでゆくのですが、当時は今のようにメールやスカイプがあるはずもなく、長距離電話はとても手が出る金額ではなかったので、私たちのやりとりはもっぱら手紙でした。送ってから届くまでに片道1週間もかかる手紙は、返事を待てば最短でも2週間かかります。しかし恋の穴にすっかりはまってしまった私たちは、その2週間が長くて我慢できませんでした。結果、1通出したら返事を待たずに1週間後にもう1通出すという奇妙なやりとりになりました。当然書いた手紙の返事は2週間先なので、話が微妙にかみ合わないのですが、そんなことも構わないくらいお互いの手紙が恋しくて、恋しくて仕方なかったのです。当時の手紙合戦のことを思い出すと、今でも胸がときめきます。

結局、1年近くの激しい手紙合戦を経て、1984年2月9日、私たちはめでたく夫婦と相成りました。当時、私は大学院生でしたから、二人だけの結婚式はいたって質素なものでした。四畳半ほどの教師寮で、花嫁衣裳を着させてもやれず、指輪を贈ることもできず、涙ぐみながら二人で誓いの杯を交わしたのです。母は、私たちの結婚を誰よりも喜んでくれました。去勢騒ぎでずいぶん心配をかけてしまったのですが、今までどんな縁談にも耳を傾けようとしなかった息子が、こんなに優しく美人で、それも大学の講師をしている妻を連れてきたものですから、母の喜びはひとしおです。

「今まで苦労ばかりしてきたお前に、神さまが天使のような女性とのご縁をくれたのだから、絶対彼女を泣かせるようなことがあってはいけないよ」と何度も私に諭しました。

結婚から1年半後、吉林大学大学院を卒業して、大連外国語大学の日本語学部の専任講師となった私は、母を田舎の八道村から風光明媚な大都会、大連市に迎えました。思う存分母に余生を楽しんでもらおうと私と妻は、母の喜びを最優先にしました。生まれて初めて乗る飛行機の中で、母は少しだけ不安で、でもとても嬉しそうな顔をしていたように思います。

娘の誕生

歌人・山上憶良は詠みました。

「銀も 金も玉も 何せむに 勝れる宝 子にしかめやも」

娘・仁玉が生まれて３カ月の頃。妻・聖花が中国政府派遣で広島大学に行ってから１カ月がたった。

母を迎えたその年の９月、１９８６年のことです。私たちに待望のわが子が誕生しました。当時、中国では妻の出産に立ち会うどころか、産婦人科にすら立ち入り禁止だったので、私は期待と不安の入り混じった心境で大連市立産婦人科病院のまわりをうろうろしていました。どんな子が生まれてくるだろうか。元気に生まれてきてくれるだろうか。突如、昔のいろんな思い出が走馬灯のように目の前をかすめていきました。一時は結婚を諦め、男まで捨て去ろうと決意した私が、今、父親になろうとしてるなんて信じられませんでした。この瞬間も病院で必死に頑張ってくれている妻や、これから産まれてきてくれるわが子に申しわけないと自分を恥じました。

ぴったり3000gの元気な女の子が無事生まれたと連絡を受けた時、私はこの上ない至福の喜びを感じました。母子ともに元気でした。顔がぼろぼろで三つ口に裂けて生まれた私とは違って、妻に似た可愛い可愛い娘でした。

娘が生まれたこの感動を、父親になったこの喜びを、天に向かってぶちまけました。私は生まれたばかりの娘を腕に抱きながら、この子にだけは私のような辛い思いを絶対にさせまいと心の中で何度も誓ったのです。

娘の名前は、私の母「仁華」と妻の母「玉子」の2人の偉大な母から一文字ずつ頂戴して「仁玉《じんぎょく》」と名づけました。仁徳に溢れた優しい子に、そして玉（中国では最高の宝石の意味）のように美しく大切にされる娘に育ちますようにと願いを込めて。

妻の苦悩

良妻賢母（日本）、賢妻良母（中国）、賢母良妻（韓国）

古今東西、数多くの良妻賢母の美談が伝わってきていますが、当時の中国で家庭と仕事の両立を目指すのは女性にとって並大抵のことではありませんでした。そのうえ妻は、私と同じように大学の講師をし、生物工学研究分野でのバリバリの研究員でした。

ところが娘が生まれてすぐ、妻は「究極の選択」を迫られることになりました。中国政府の難しい試験と選抜の難関を何回も潜り抜けて手にした中国政府派遣の留学切符。今の中国では海外への留学はそれほど難しくなくなりましたが、30年ほど前の中国では空の星を取るくらい難しいものでした。

妻は心から喜び、心から悩みました。広島大学への留学の途につく妻の心境は複雑極まりないものでした。妻の研究分野では日本は世界でも有数な先進国とされていました。夢にまで見た日本での研究員生活が実現できるのです。しかし一方で、目の前には生まれたばかりの愛しいわが子。一度日本に留学したら、何年も娘にはそう簡単には会えません。自らの夢と母性愛との葛藤では悩んでいました。

私もこの時期に妻と離れるのは本意ではなかった。でも毎日毎日悩み苦しむ妻を見て、私は決心したのです。

「二度とないチャンスかもしれない。娘は俺が育てるから、安心して日本へ行ってこいよ。」

この言葉が背中を押して、妻は日本へと旅立っていきました。娘が生後2カ月半の時でした。

男手育児

ドイツの文豪ゲーテは書きました。

「国王であれ、農民であれ、家庭に平和を見いだせる者が、もっとも幸せである」

母・仁華と娘・仁玉

娘は俺にまかせておけよとは言ったものの、さぁ、こちらも大変です。ラーメンひとつ作ったことのない私に、一体何ができるでしょうか。ここでもまた古希をむかえた母に苦労をかけることになりました。母は娘を大変可愛がってくれましたが、夜中に何回も起きては、おむつを替えたり、ミルクを温めて飲ましたりする母を見ていると気が気ではありません。母が疲労で倒れてはいけないと、炊事、洗濯、子育てを生まれて初めて懸命に覚えたのです。おかげで今ではすっかり中華料理が大得意になってしまいました。

この時日本では、生後間もないわが子

を置いて、広島大学での研究員生活を送る妻の心境は複雑極まりないものでした。慣れない日本語と生活環境の中で、中国政府派遣の研究者としてのプレッシャーが重くのしかかり、さらには娘に会いたい気持ちと母親失格の罪の意識で精神的に参ってしまった妻は、来日早々救急車で運ばれました。急性盲腸炎ですぐに手術する羽目になったのです。それでも妻は私が心配することを恐れ、手術して入院していることを連絡して来ませんでした。

妻は２００７年に出版した自身の著書『免疫力を高める漢方養生』（牧歌舎）の中で、この時の心情をこう描いています。「初めの数カ月は辛い日々が続いた。言葉の壁、研究のプレッシャー、そして娘に会いたい辛さ。いつも布団の中で主人が送ってくれる娘の写真を見ながら泣いていた。全てを放棄して中国に帰って娘に会いたいと、なんど思ったか分からない」

しかし、妻も必死で踏ん張りました。ここで投げ出してしまっては、生後すぐに置いてきてしまったわが子に会わす顔がないと。懸命に1年の留学期間を終了し、妻はもともと務めていた大連工業大学にいったん戻ってきました。

本当はその翌年にでも2度目の日本留学が実現するはずだったのですが、１９

８９年６月４日に起きた「天安門事件」のせいで留学話が白紙に戻ってしまいました。

天安門事件とは、民主化を求めて北京の天安門広場に集結していた学生中心の一般市民のデモ隊に対し、中国人民解放軍が無差別に発砲するなどの武力弾圧をして、多数の死傷者を出した事件です。これに対し、欧米諸国はこぞって中国に制裁措置を加えました。経済援助や貿易取引、人的交流など多方面に渡って中国との関与を大幅に停止、または削減する措置です。そしてこれに続くかたちで、日本でも対中制裁として一時的に留学生の受け入れを全て拒否するという措置を講じたのです。

これによって妻の２度目の留学のチャンスは消えかけたのですが、それでも広島大学の恩師の永井教授のおかげで、なんとか２年後の１９９１年に妻は再び日本留学へと旅立ったのです。

母の決断

吉田松陰は言いました。

「親思う心に勝る親心」

子がいくら親孝行をしようとしても、親が子を心配する親心にはかないません。妻は中国政府派遣の研究員でしたので、留学費用の他に給与も出ましたし、中国での日本語ブームにあいまって、私の方も大学講師の給与の他に通信教育での副収入もあり、当時の中国ではかなり余裕のある生活ができるようになりました。妻が日本から帰ってくるときには、日本製のカラーテレビ、冷蔵庫、洗濯機、カメラなど「三種の神器」ならぬ「四種の神器」を買ってきてくれましたので、他の家庭からも羨ましがられていました。

2度目の日本留学で再び広島大学で一年ほど研究生活を続けた妻は、教授の推薦で兵庫県姫路市にある老舗食品会社のヤエガキグループの研究所で働くことになりました。そして私たち家族を日本へ呼ぶべく奮闘してくれました。会社の社長に私の身元保証人を依頼してくれたり、姫路獨協大学に何度も足を運んでは私の留学手続きの準備を進めてくれたのです。

また、母は私や姉弟たちからもらったお金を貯めては、どこかで地震が起きたり、水害があったりするといつも私たちより多く寄付をしていました。母は娘の面倒を見る時間以外はほとんど大連のキリスト教会に行き、熱心に聖書を読む毎日を過ごしていました。幸せに満ちた母を見ていると私は日本に行きたいと言う本音を話すことができませんでした。しかし、母はそんなことはお見通しだったのでしょう。ある日、母は私を呼んでこう言ったのです。

「私のことは心配せずに、日本へお行きなさい」。

いくつになっても、やはり母の目にはかないません。

憧れの日本

アメリカの教育家ヘレン・ケラーは言いました。

「希望は人を成功に導く信仰である。希望がなければ何事も成就するものではない」

1991年8月31日、私は大連から福岡空港に向けて飛び立ちました。飛行機が着陸に向けて高度を下げ始めた時に窓から見えた福岡の空は、妙に大連の空より明るく感じました。

大学の頃から夢に見続けた念願の来日ではありましたが、年老いた母と4歳半の娘を中国に置いてきたという後ろめたさはありました。しかし独りよがりだったかも知れませんが、早く日本で足場を作って母と娘を日本に迎え、中国では味わえないような豊かな暮らしを捧げたいと思っていたのです。

到着ゲートを出ると、姫路市から福岡空港まで迎えにきてくれた妻が待っていました。異国の地でのしばらくぶりの再会は格別の想いがありました。全く違う生活環境に対する不安が無かったと言えば嘘になりますが、憧れの日本で愛する妻と新しい生活がスタートすると思うと、夢がどんどん膨らんでいきました。姫路までの道中で私はずっと妻の手を握っていました。街中至るところに溢れる様々な広告が、色鮮やかに私の目に飛びこんできたことを覚えています。

コラム③：夫婦力　～１００㎞歩くと人生が変わる～

日本各地に「１００㎞ウォーキング大会」があるのをご存じでしょうか？　その名の通り、１００㎞の道をひたすら歩き続けるというものです。走ることはありませんが、休むこともない究極の大会です。

私は、これまでに妻の聖花と共に3回この１００㎞ウォーキングに挑戦し、3回とも完歩しました。きっかけはある友人に言われた一言でした。「木元さん、１００㎞歩いてみなさい。人生観がガラっと変わるから」。そんな大げさな…と思いつつ、そこまで言うならと軽い気持ちで参加することにしました。今から10年前の２００４年10月29日のことです。「初挑戦なら、まず50㎞歩けたら上出来だから」と友人は言いました。私たちが１００㎞完歩するなど、まるで無理なような言いかたです。実際、毎年参加者の半分以上が途中リタイヤするそうですが、そんなことをいわれては、何が何でも完歩する決意を胸に刻むばかりです。

最初のコースは、愛知県碧南市の明石公園を出発し、三河湾を一周する片道100㎞のコースでした。午前7時、雨の中での出発でしたが、雨が降ろうと槍が降ろうと出発したからには完歩するのみ。しかし、急に妻が心配になってきました。あんな小さな体で最後までついてきてくれるだろうか。

一つ目のチェックポイントは30㎞地点。ボランティアの方たちが作ってくれたおいしいおにぎりを味わう余裕がまだまだありました。二つ目は50㎞の折り返し地点。さすがに体が悲鳴をあげ始めました。ボランティアの方から軽くマッサージを受け、またすぐ歩き始めました。この時、妻はまだ少し余裕がありそうな表情でしたが、ここからの道のりが壮絶でした。

60㎞を過ぎたあたりから妻は明らかにペースダウンし始めました。夜もふけて、辺りはもう真っ暗闇。家もない雑木林の中をひたすら歩きます。おまけに、出発の時から降り続いていた雨が、雷を伴ってどしゃ降りになってきました。雷が轟く度に妻が悲鳴をあげて私にすがりつきます。疲労困憊の上に、体の芯までずぶ濡れで全身が震えだしました。私は妻が怖くないように、そして少しでも気がまぎれるように歌を口ずさみ始めました。中には妻と恋をしていた時代の懐かしい歌もあります。妻は一緒に歌う元気はありませんでしたが、少し元気が出たように一所懸命に私の後をついてきていました。

私も、70㎞辺りからだんだん苦しくなってきました。一歩進むごとに筋肉の痛み、足腰の痛み、いや全身の痛みを感じはじめました

どんな苦痛でもかかってこい！　と大風呂敷を広げた私でさえこんなに苦しいのに、今、妻はどれだけ辛かろうと思うと、妻にもうしわけなくてたまらなくなりました。80㎞地点で私は言いました。「今回はここまでにするか」。しかし、妻は首を横に振りました。

そこからは二人で歯を食いしばって黙々と歩き続けました。足裏のまめは全部つぶれて、一歩を踏み出すごとに激痛が全身を走りました。苦しいという言葉では足りないほどの地獄の時間です。ついに90㎞時点に到達しました。体力の限界、そんなものはとっくに過ぎ去っています。

100キロウォーク夫婦そろってゴール

ここからは気力、精神力、そしてなにより絶対にリタイヤするもんかという意地だけで一歩を踏み出していました。今思えば、この90㎞が全体の「折り返し地点」だったと思えます。それくらい最後の10㎞が果てしなく長く、遠く、苦しかったのです。

歩き続けること21時間20分、翌朝の午前4時20分に、ついに私と妻は手を繋いでゴールテープを切りました。言葉にならない最高の瞬間でした。私は参加者314人中8位、妻は女性部門ではなんと1位でしたので、私たちは夫婦部門でも1位に輝きました。苦しみが長く大きかった分、感動もひとしおです。

その後、妻とは福岡県の行橋から大分県の別府市までの１００㎞、姫路城から大阪城までの１００㎞を共に完歩しました。何度挑戦しても１００㎞歩くのは本当に辛いです。毎度毎度「もう２度と応募するもんか」と誓うのですが、歩き切った後の感動と達成感に、つい３度も挑戦してしまったのでした。

「１００㎞歩くと人生変わる」この言葉の意味が今は分かる気がします。人生どんなに苦しいことがあっても、あの１００㎞歩いた時の地獄のような苦しみに比べれば、なんてことはない、ちっぽけな苦しみだと思えるのですから。そしてどんなに苦しい地獄の中でも、弱音を一切はかずに私の後をついてきてくれる妻への愛もより強いものとなりました。残りの人生、苦しい時も楽しい時も、この人となら共に歩んでゆけると改めて自信がついたのです。

数年後に妻が還暦を迎えた時には、今まで人一倍心配や苦労をかけたお礼として、「世界一忍耐強い妻への感謝状」を贈ろうと目下計画中です。

第4章
幸せの彼方

日本の生活

第３代アメリカ大統領トーマス・ジェファーソンは言いました。
「私は、運の存在を強く信じている。そして、運は努力すればするほど、ついてくることを知っている。」

来日したばかりの私には、日本の物価の高さが異常にうつりました。２本で１９８円するきゅうりにはなかなか手が出ません。大連だったらきゅうりが山盛り買えてしまうと、つい換算してしまうからです。中国では少し余裕がある暮らしをしていたとは言え、それは大連でのことですから、私と妻は姫路市で小さな平屋を借りて暮らし始めました。

この頃、妻は既に創業３００年以上を誇る老舗の食品会社の技術開発研究所で研究員として働いており、私は姫路日本語学校の非常勤講師をしつつ、姫路獨協大学の研究生として、日本語、中国語、韓国語の関係について研究を進めていました。その時の私の目標は、翌年の大阪大学の博士コースへ行くことでした。

それがある日、日本語学校のオーナー社長に呼ばれました。

「君が博士を目指していることはよく分かっている。でも、この学校は君を必要としている。副校長の肩書と今の倍の給与を用意するから、ここに残ってくれないか」。

予想だにしなかった破格の待遇でした。博士コースに行って研究を進めるのは私の憧れでしたが、一刻でも早く母に楽をさせてあげたい、一日でも早く娘を日本に呼びたい一心で、結局私はその話を受けることにしたのです。

弟との約束

作家のスティービー・クレオ・ダービックは言いました。

「約束が守れているとき、人は自由で輝いている」

父が自殺したとき、弟の弘基はまだ14歳でした。親父の代わりにはなれないけど、弟にはできるだけのことをしてあげようと心に決めました。弘基は私より4

歳下ですが、文化大革命で入試制度が混沌としたせいで、私より一年早く吉林農業大学の機械学部に入学しました。大学で優れた成績が認められた弟は、4年生の時に卒業論文を免除され、代わりに卒業前の半年間、私の在籍する吉林大学で日本語研修ができることになりました。半年の間、私たちは毎日同じ寮で衣食住を共にし、同じ教室で日本語を学ぶようになりました。

きっと母の影響もあるのでしょう。弟は途中から編入してきたにもかかわらず、先生やクラスメイトが目を見張るほど日本語の上達が早かったのです。一日勉学に励んだ後は、消灯時間まで兄弟で夢を語らいました。子供の時の辛かった思い出、姉たちの事、それでも今日ここまでやってきたこと。そして話の終わりは決まっていつも母がテーマになっていました。ある日、弘基が言いました。

「兄貴、いつか俺たちきっと日本に行って、そこに母さんを呼んで乾杯しよう」

弟と向き合って夢を語り合う時間は、それはそれは幸せな時間でした。やがて一学年上だった弟は私より先に卒業し、就職の時期を迎えました。当時は卒業生が自ら就職活動をすることはなく、大学の推薦によって国が勤務先を決定していました。大学での成績が群を抜いていた弟は、大学研究室を含め、大手企業など幾つものチャンスに恵まれていました。

しかし卒業を前に、弟は突然、都会での就職を拒んで頑なに故郷へ帰ると言い出しました。都会に残った方が会社の待遇も良く、将来日本へ行くチャンスも多いのは言うまでもありません。しかし、弘基は「もう決めたこと。私は故郷へ帰ります」と言って、母の残る故郷へ帰って行きました。

当時の中国では代々、長男が親の面倒を見るのが普通です。周りの人たちはみんな理解に苦しんだようでした。しかし、私には弘基の心中が痛いほど分かりました。弟は、私の大学から毎年一人が選抜されて日本留学に行けることを知ってしまったのでしょう。きっと次は兄貴が選ばれて日本に行くことになると思った弟は、私が躊躇なく日本留学に行けるようにと、自分の行く末を犠牲にして、田舎の母の面倒を見る役目をかって出たのでした。結局、弟の思いもむなしく、私が選ばれる前にうちの大学にあった日本留学への選抜枠は、先輩の不摂生のせいで他の大学へと移されてしまうのですが…。

弘基が故郷に帰ってから9年が経ちました。弟は故郷の短大の機械科で車のエンジンについて教えていましたが、昔に大学寮で語り合った夢とは程遠い現実でした。

来日した私は自分の生活基盤を整えるのもそこそこに、すぐに姫路工業大学（現兵庫県立大学）機械学部の教授を訪ねました。そして弟のことを一所懸命にアピールし、なんとか留学生として受け入れて頂けないかとお願いしましたが、教授はなかなか聞いてくれませんでした。しかし、私はなんとか弟に日本で学ぶ機会を与えてあげたかった一心で、何度も何度も教授のもとを訪ねてお願いしたのです。結局私の熱意に根負けして、教授は弟を大学院生として受け入れて下さることになりました。私は飛び上がって喜び、自分の来日が決まった時よりもずっとずっと感激したのでした。

二人の来日

マザー・テレサは言いました。

「子どもはあなたの愛を待っているのです。一対一のね」

１９９２年4月11日、弟と娘が日本にやってくることが決まりました。娘が５歳、弟が33歳のときです。もうすぐ娘に会えると思うと夜も眠れない日が続きました。何日も前から人形を用意したり、花を買ってきたりして、毎晩指折り数えながらその日を待ちわびていました。

弟が娘を連れて関西空港の到着口から出てきた瞬間、私たちを即座に見つけた娘が「ママ！パパ！」と叫びながら駆け寄ってきました。５歳の子供にしてはしっかりした足取りで、こちらに向かって懸命に走ってきます。私は目頭が熱くなりました。

「ずっと寂しい想いをさせてすまなかった。これからはずっと一緒だからな」私と妻は競って娘を抱きしめました。そして弟とは、無言で固く握手を交わしたのです。

私と同様に、娘も私の母から日本語を学んでいました。子供の吸収は早いもので、来日してからはあっという間に私たちよりも日本語がうまくなってしまいました。ただ、日本にきた後も私と妻はいつも仕事が忙しかったので、娘は小さい時から首から鍵をぶらさげて家に一人ぼっちでした。私たちが仕事から帰る時間帯になると、娘はいつも近所のバス停の前でちょこんと座って待っていました。何度も危ないから家の中にいなさいと言っても聞きません。やってくるバスを何本も何本も見送り、私たちがバスから下りてくると満面の笑みで駆け寄ってくる小さな娘。その笑顔を見るたびに私も妻も胸が痛みました。考えてみると、娘には生まれた直後から日本に呼び寄せた後も、ずいぶんと寂しい思いをさせたと、申し訳なく思っています。

母の死、一生の後悔

「親孝行、したい時に親は無し」

まさにこの言葉の通りです。私が弟と娘を日本に呼ぶ手続をしていた時、もちろん母の来日の手続きも一緒にしていました。しかし、扶養義務がある娘や、すでに進学が決まっている弟とは違って、母親の認可が下りるのは2人よりも少し時間がかかりました。今でこそ3週間ほどで認可がおりますが、当時は最低3カ

母・71 歳の時の誕生会。すべて私の手料理。左から聖花、仁玉

月ほどかかったのです。

私の人生最大の後悔は、この時、母の認可が下りるのを待って、娘と弟と３人一緒に日本に迎えなかったことです。母は娘の仁玉のことをまさに目の中に入れても痛くないほどに可愛いがってくれました。日本に行ってしまった私と妻の代わりに、片時も娘の側を離れずに一緒に暮らしていました。なのに、急に愛する孫娘と引き離されてしまって大きな喪失感を感じ、一気に無気力になったのでしょう。娘が日本に旅立ってから１カ月もせずに、母は脳出血で倒れました。５月７日、母の誕生日

でした。緊急手術でなんとか一命をとりとめたものの、知らせを聞いた私と弟が中国へ飛んで帰っても、母は私たちを認識することはできませんでした。そのまま寝たきりの状態で1年が経ち、母はとうとう亡くなってしまったのです。76歳でした。

母が亡くなった知らせの電話が鳴り響いた夜のことは今でも鮮明に覚えています。私は悔いました。自分を責め続けました。どうしてあの時、母の認可が下りるのを待てなかったんだ。あと3カ月、娘と会うのを我慢して母と共に日本に呼んでいたのなら、母はもしかしたら今でも私の隣で笑ってくれているかもしれないのに。そう思うと今でも胸が張り裂けそうです。

貧困、文化大革命、そして父の自殺という苦しい中、私たちを命がけで守ってくれた母を、世界で一番幸せにしてあげると誓ったのに……。そのためにどんな逆境にもめげずにがむしゃらに突き進んで、今やっとその夢を実現できるところまでやって来たのに…。「東京で母を囲んで乾杯しよう」という弟との約束もむなしく、母は恋い焦がれた日本の土を踏むことなく亡くなりました。この時の後悔と無念は自分自身への怒りと変わり、その後、今に至るまでずっと私を責め続けています。

会社設立

ウォルト・ディズニーは言いました。
「夢を見ることができるのならば、それを実現することができる」

日本で暮らし始めて４年が経ちました。だいぶ日本生活にも慣れた頃、日本語学校の副校長をしていた私に、妻が働く老舗の食品会社から社長直々のオファーを頂きました。そのヤエガキグループの長谷川雄三社長は本当に素晴らしい方で、中国から来た私たちに何の偏見の目を向けることなく、いつも温かく接してくれました。環境も待遇も存分に整えてくださり、私たちが働くことに集中できた結果、妻は女性初の主任研究員として９件もの特許を開発し、私は海外貿易職として会社創業３３１年以来２人目となる「特別貢献賞」を賜ることができました。

何の不自由も不満もなく務めさせてもらった会社でしたが、いつしか私たちには別の形の夢が芽生え始めました。「今までの研究成果を自分の手で直接世の中に役立てていきたい」という妻の夢、そして「それを形にしてこの世に広めていきたい」という私の夢。

実は私と同様に、妻も文化大革命の中で最愛の父を亡くしています。妻の父は大きな小学校の校長先生で少しばかり裕福だったせいで文化大革命の標的になり、私の父のように紅衛兵から迫害を受け続け、そのショックから「肺結核」に倒れました。病院で処方された西洋医学の薬を飲んで治療をしていましたが、結局その薬の副作用の「肝不全」で妻の父は亡くなりました。49歳の若さでした。

続いて妻の母も病に倒れ、わずか6カ月の余命宣告を受けてしまいました。その時に妻の母を救ったのが漢方や食事療法でした。その時の体験や、父の時に何もできなかった無力感や悔しさから、妻はずっと生命工学の研究を進めてきたのです。私と妻の実家はどちらも漢方医を輩出した家系でもありましたから、私たちはこれまでの生い立ちや経験を活かして、健康事業を営みたいと考えていました。

２００２年2月22日、私は妻の聖花と共に、個人オーダーメイド漢方食品を製造販売する「株式会社マルセイ」を設立しました。一人一人の体質体調に合わせて漢方食品を作り、多くの方の健康で幸せな人生にお供をさせて頂きたいとの思いからです。マルセイ設立会には、前職の長谷川社長や妻の恩師の永井教授をはじめ、大勢の方たちが応援に駆けつけてくれて大きな励みとなりました。皆さまの温かいご支援を賜りながら、私たちの会社は２０１４年の今日まで続いています。

義母孝行

孟子は言いました。

「最大の親孝行は、いつまでも親を敬慕することである」

妻の母の金玉子《きんぎょくし》は１９３３年生まれで、文化大革命の迫害で自身の夫が病に倒れてからは、こちらも女手一つで5人の子供を育てながら苦労を重ねてこられま

2009年11月、木元家3人で義母金玉子を天安門広場に招待する

した。薬の副作用で夫を亡くした直後、精神的にも肉体的にも限界だった義母はたちまちB型肝炎に倒れ、「余命6カ月」の宣告を受けたのです。病院側は同じく西洋医学の薬を使った治療をすると言いましたが、それで父を亡くしたばかりの妻と妻の兄弟たちは今度こそ黙っていられませんでした。当時19歳だった妻は、漢方医だった姉とともに母を家に連れて帰り、母のために調合してもらった漢方薬を煎じて飲ませ、根気よく食事療法を続けた結果、義母を死の淵から生還させたのです。義母は現在80歳を超えますが、毎日散

歩したりダンスクラブに所属したり、今でもとても元気に暮らしています。

私の母と同じように、女手ひとつで苦労ばかりしてきた妻の母。私たちは義母を何度も日本に招き、思いつく限りの孝行を捧げました。日本全国有名カ所に連れて行き、これが美しい日本だと見せてあげました。義母はいつも「自分のためにこんな贅沢なんてもったいない」と言っていましたが、初めて見る異国の地、新鮮な風景を心底喜んでくれたように思います。私は自分の母には親孝行ができませんでした。でも義母が喜んでくれている姿を見ているときだけ、ほんの少し罪悪感から解放されたような気になるのです。

恩返し

孔子は言いました。

「孝弟なる者は其れ仁を為すの本たるか／家族愛こそ仁徳の基礎である」

妻の母を日本に招いた後、私は３人の姉と義兄たちを順番に日本へ招きました。一番上の弘愛姉の夫は小さい頃に左目を怪我してから視力が弱かったのですが、それが老年性白内障が進むにつれて、ついに全く目が見えなくなってしまいました。完全に光を失った夫を見て、姉はたいそう落ち込んでいましたが、私は二人を日本に呼び、専門の病院に義兄の目の手術をお願いしました。手術3日後、医師が義兄の目の包帯を外したとき義兄は叫びました。「見える！はっきり見えるぞ！」弘愛姉が泣きました。私と妻も泣きました。二番目の弘蓮姉や三番目の弘淑姉も義兄たちと一緒に日本に呼び、私は昔受けた恩に報いたい一心で、懸命に姉夫婦孝行を捧げました。

姉たちは少し照れ臭そうに言いました。

「昔、私たちがした行いの何十倍もの姉孝行だね」

私は答えました。

「今日まで受けてきた愛情の何十分の一にも及びません」

私と弟は3人の姉と義兄たちの献身的なサポートのおかげで夢の大学に行くことができました。まだまだ十分な恩返しはできていませんが、日本の地に呼んで「ありがとう」が言えてよかったです。

一部始終を見てきた義兄がこう言ったことがありました。

「なぜ君たち兄弟の絆がこんなに固いか、その理由が僕には分かった。それは偉大なお母さんがいたからだ」と。そうだとすれば、母には感謝あるのみです。

娘の飛躍

中国の古い言葉にこうあります。

「望子成龍、望女成鳳凰」＝親は息子が龍になることを願い、娘が鳳凰になることを願う。


この節では少し親ばかになってしまいますが、お許し下さい。一人娘の仁玉には、生まれた時からずっと寂しい思いをさせていたにも関わらず、今日までよく育ってくれました。明るくていつも笑顔が絶えず、勉強にも励んでくれて中学校では生徒会長に推薦され、歴代に名を刻む女性の生徒会長となりました。高校に進学してバトン＆チアリーディング部で青春を謳歌し、大学ではかねてから興味のあったメイク専門学校をダブルスクールしていました。

「私は女性を美しくする仕事に就くんだ。」

嬉しそうに夢を語る娘の姿がまぶしくて、いつも目を細めて娘の話を聞いていました。20歳の時には大学を休学して単身ニューヨークに飛び、英語を学びながら国際メイクアップアーティストとしても活躍したようです。

留学から帰ってきた後は大学に復学して就職活動し、希望通り憧れの化粧品の会社に内定をもらいました。しかし運命の神さまのいたずらか、大学卒業間際に行われた東京都主催の「起業家コンテスト」で、全国から集まった大学生たちの中からなんと娘は優勝してしまいます。さらに観客投票による「オーディエンス賞」も史上初でダブル受賞した娘は、各方面から起業を勧められることとなりました。

私と妻はあまり娘の教育に手をかける余裕がなく、昔からやりたいようにやらせる放任育児だったのですが、やはり子供は親の背中を見て育つのでしょうか。奇しくも娘は私たちと同じ起業家の道を歩もうとしていたのです。可愛いわが子にいばらの道を進んで欲しくなかった私は起業に反対しましたが、結局娘は憧れの会社の内定を入社直前に辞退して、コネも何もない東京に単身でわたり、美容系の会社である株式会社J LINK INTERNATIONALを設立しました。23歳にして女社長として懸命に頑張る娘を見て、ついこの間まであんなにも小さかった娘が急に大きく見えて驚いたものです。

娘、仁玉

コラム④：親子力　〜娘の親孝行〜

２０１２年5月27日の晴れた朝、私は白いドレスに身を包んだ娘の傍らで、目の前の重々しい扉が開くのを待っていました。ファンファーレとともに扉が開き、その真っ赤な道の先に立つ白いスーツの青年を見た瞬間、これまでのとめどない想いがあふれんばかりにこぼれ落ちてきました。

家を出発するときに妻が用意してくれたハンカチを「そんなものはいらん。絶対に泣くはずがない」などと散々言っていた私が、扉が開いた瞬間に号泣するなんて……と後で妻や弟に笑われてしまいました。

あんなにも小さかった娘、５歳で日本にやってきてこれまで一緒に頑張ってきてくれた一人娘が、今日お嫁に行くのです。厳粛な音楽に合わせて一歩一歩ゆっくりと前に進みますが、足が思うように動きません。まるで鉛の靴を履いているようです。思い返せば、一年前のエベレスト頂上までの道のりも、登ってみるとまぁこんなもんかと思えたのに、目の前のわずか20メートルのバージンロードの、長く険しいこと。身を引きちぎられる思いで青年に娘を引き渡し、私は言いました。「娘をよろしく頼む」。青年は静かに、しかし力強く頷きました。

娘の夫となる人は、小さい頃からとても苦労した環境で育ちましたが、それでも若いのに昔からよく親孝行をする素晴らしい青年でした。結婚してすぐに、彼の仕事の都合で二人はロシア暮らしとなっていますが、私と妻をロシアに招待してもてなしてくれたり、妻との結婚30周年の時には温泉旅行に連れ出してくれたり、ことあるごとに想いがこもったプレゼントをくれたり、本当によくよく親孝行をしてくれています。まだまだ親に甘えてしまっている若い世代が多い中で、娘は本当に良い人と巡り合ってくれました。

「いつかお父さんとお母さんに世界一周旅行をプレゼントするから、それまで絶対元気でいてね。」

そう言って微笑む娘を見て、私はなんとも言えない幸せな気持ちになるのです。

第5章
エベレスト山頂で愛を叫ぶ

思いを馳せる

坂本龍馬は言いました。

「世の人は、われを何とも言わば言え。わが成すことは、われのみぞ知る」

日本で暮らし始めて16年が経ちました。小さいながらも妻と会社を切り盛りし、卵1個買うのも苦労していた昔の貧乏生活が嘘のように、穏やかで何不自由ない生活を送っていました。しかし、私は幸せな日常の渦の中で、常に心の闇を感じていたのです。

妻の母を日本に迎えて存分に親孝行をしました。弟や3人の姉夫婦たちも何度も日本に招いて、昔のお礼を言うことができました。けれども、一番孝行をしたかった母を日本に呼ぶことができなかった後悔の念が、いつまでも心の隅で私を責め続けるのです。自分が幸せになればなるほど、そして義母や姉弟に孝行をすればするほど、もう一生恩返しができない母への無念が強くなりました。なんとかしてこの想いを、天国の母に伝えたい。

娘が大学に入って間もなく、私は密かにエベレスト挑戦を決めました。この地球上で一番天国に近い場所に、この足で歩んで行き、そこから天国に向かって母への想いをぶちまけようと思ったのです。しかし世界最高峰の高き門であるエベレストに挑戦するということは、同時に死の覚悟を決めなければなりません。

親としての最低の義務を果たすために、エベレストへの挑戦は娘が大学を卒業するまで待つことにしました。そしてその間、徐々に体作りを始めたのです。

それまでの私は、普通の運動はしても本格的な登山とは無縁だったので、まずは家の近所にある御旅山（１４０ｍ）に登って体を鍛えることにしたのです。急に山登りを始めた私を見て、まわりは不思議がっていましたが、ただ急に登山の楽しさに目覚めたのかと思っていたようです。「登山は健康にいいから」と妻も、毎朝一緒に御旅山に登るようになりました。

私は言いました。

「日本の百名山を制覇しようと思う」

この時、妻も娘も笑顔で応援してくれました。私の会社は健康食品会社ですので、妻は私の身体づくりを応援するために、毎日漢方を煎じて飲ませてくれたり、オリジナル健康食品を作ってくれたりしました。まさか私が4年後のエベレストに思いを馳せているなんて露ほども知らずに。

日本百名山制覇

２００７年5月1日、私の日本百名山制覇の計画がスタートしました。日本の多くの山々を踏破した深田久弥氏によって「日本百名山」は標高１５００m以上で、経験から「品格、歴史、個性を兼ね備えた山々であること」という基準で選定されました。１９６１年、上高地の開山祭である「ウエストン祭」の講演で披露。今でも多くの登山者が挑んでいます。

私は第1号の利尻岳から第１００号屋久島の宮之浦岳までをわずか2年半で踏破しましたが、容易なことではありませんでした。ある時には幾つもの山を連続して登ったり、またある時にはタブーと言われている夜通し登山を決行したり、とにかく時間がない中で少しでも早く、一つでも多く登るために、私は我流で山を突き進みました。

普段は単独登山だが100番目の鳥海山（2236m）ゆえ、家族の祝登山となった。2009.9.23
写真左から、弟・弘基、妻・聖花、私、娘・仁玉、甥・天龍

記憶に残っているのは南アルプス全山縦走をした時のこと。光岳（2591m）、聖岳（3013m）、赤石岳（3120m）、悪沢岳（3141m）を2日間で次々に登頂し、そのまま塩見岳（3047m）を目指して夜9時頃に山小屋を出発しました。

ヘッドライトを頼りに夜道を進み、塩見岳の西峰（3047m）と東峰（3052m）に登って下りてくる途中、突然目の前に熊の親子が現れたのです。距離にしてわずか5～6メート

ル先、私の体に電流が走りました。怯えた小熊が親熊の後ろに隠れ、親熊が私を威嚇しようと立ち上がりました。あまりの迫力に一瞬心臓が止まりそうでしたが、私はすぐに冷静になりました。

良く言われることですが、熊に遭遇した時は、背中を見せて逃げてはいけません。私は親熊をヘッドライトで睨みつけながら、ポケットからトイレットペーパーを取り出し、すぐにライターで火をつけました。親熊が大きく身震いをしました。そのままゆっくりと後ずさりをすると親熊は前足を降ろし、それ以上追いかけてはきませんでした。かなり離れた場所へと逃げ切ったものの、それでもしばらく怖かったので、私は東の空が白むまでは這松坂道でじっと息を潜めていました。

そして私はさらに北上を続け、間ノ岳（３１８９ｍ）、北岳（３１９３ｍ）、仙丈ヶ岳（３０３３ｍ）、甲斐駒ケ岳（２９６７ｍ）、鳳凰三山（２８４０ｍ）を登り、合計10の百名山が連なる南アルプス全山縦走を６日間（通常は約２週間）で駆け抜けて、無事、姫路のわが家に戻りました。この縦走から帰ってすぐ、強力な熊除けスプレーを買いに走ったのは言うまでもありません。

このように、まさに駆け回るようにして百名山に挑戦し続けること2年半。２００９年9月23日に登った、秋田県と山形県境にある「鳥海山」を持って私は日本百名山を完登しました。普段は単独登山だったのですが、記念すべき第１００山目を、妻と娘、そしてわざわざ中国から駆けつけてくれた弟と早稲田登山クラブの甥と共に登り切った時は感無量でした。

振り返ってみると、私はこの2年半で、いろいろな山と出会い、たくさんのことを山から学びました。楽しい時も、苦しい時も、辛い時も、感動する時もありました。私は常々、山登りは「人生」に良く似ているなぁ…と考えているのです。

家族の反対

日本百名山の最後の一つを制覇した3日後、私は中国にある玉珠山（６１７８m）へ向かって出発しました。言うまでもなく、エベレスト挑戦への次のステップに進むためです。日本で最も高い富士山は３７７６m。しかし８８４８mのエベレストの頂上に立つには、はるか雲の上を行かなければなりません。もう、日本に私の訓練すべき山はなくなってしまったのです。

実は、私は家族に内緒で玉珠山に申し込みました。とりあえず中国への飛行機だけこっそり予約しておき、周りには百名山を制覇してから打ち明けようと思ったのです。私は悪い男です。

鳥海山から帰って2日後、中国の玉珠山《ぎょくしゅざん》に向けて出発することを話したら、当たり前ですが妻と娘から怒涛の責めに会いました。エベレストに挑戦するつもりだと初めて告白したものだから大変です。

「そんなに大事なことを何の相談もなく決めるなんて、妻を、家族をなんだと思っているのか。そんなにエベレストに行きたいのなら会社の抹消手続きをしてから行きなさい！　私を選ぶか、山を選ぶか、はっきりしてちょうだい。とすごい剣幕で雷が落ちたように怒られました。いつも優しく微笑み、いつも私の勝手につき合ってくれる妻がこんなに怒るのを初めて目にしました。

当時大学3年生だった娘は泣きながら訴えました。

「勝手に行くのなら、もし私が結婚することになってもバージンロードはお父さんとは歩かない。もうお父さんなんか知らない」

　これは結構堪えました。エベレストに挑戦する最大の難関の一つは、どうやらまず家族を説得するところにあるようです。

　結果、親族一同を巻き込んでの大騒動となりました。毎日あちこちから電話が鳴り続け、兄弟や親せき、昔の恩師などから、私は延々と説教を受ける羽目になりました。今思えば、私にはそれだけ本気で私の身を案じてくれる人たちに囲まれていたということです。しかし、それでも私は一度誓った自分への想いを変えることができませんでした。自分勝手なのは百も承知です。それでも、私の人生で唯一やり残したことは母への感謝を伝えることです。このままでは死んでも死にきれないと……。

　玉珠山への出発当日の朝、しばらく口をきいてくれなかった妻と娘が私の前に立ちました。そして静かにこう言ったのです。

「お父さんの想いは分かった。どうせ反対しても行ってしまうのなら、私たちは世界で一番お父さんのエベレスト挑戦を応援することにしたよ」

　妻の目には涙が溢れていました。私の人生最大のワガママを許してくれた妻には、一生頭が上がりません。こうして私は気持ちを集中し、いざ海外の並み居る高い山たちに向けて足を進めたのです。

孤高の挑戦

世界で初めて8000m以上の山14座を踏破したラインホルト・メスナーは言いました。「目の前の山に登りたまえ。山は君のすべての疑問に答えてくれるだろう」

玉珠山（6178m）への挑戦は、日本の3000m級の山しか経験がない私にとって、4000m級と5000m級を一気に飛び越えた無謀な挑戦でした。一緒の登山メンバーは計8人でしたが、私を除いてはみんな5000〜6000m級の登山に成功した方ばかりでした。当然ながら4300mのベースキャンプに着くなり、私は高山病の激しい洗礼を受けました。他のメンバーが全く平気です。お湯を一所懸命飲みながら我慢するよりほかありません。たった一人激しい頭痛と嘔吐に苦しんでいる私を見て、みんなは鼻で笑いました。

高山病に苦しみながらも何とか適応訓練をこなし、５２００ｍのキャンプ１まで登りました。いよいよ迎えた本番。

私は近眼でメガネをかけています。雪盲防止のためのゴーグルをかけると、曇ってよく前が見えなくなります。だから本番ではメガネをはずして出発しました。それが危うく命取りになるとは……。その時は何気なく決断したのです。

なんとか５８００ｍのキャンプ２に着きましたが、高山病でふらふらになり、テントに入るや倒れてしまいました。このままでは明日のアタックは無理だろうと半ばあきらめていましたが、少し休むと頭が軽くなってきました。

山の天気は本当にわかりません。前日まで風も穏やかで玉珠山の山頂がきれいに見えていたのに、夜中から大吹雪に変わりました。早朝、吹雪の中の出発です。この時点で何人かがアタックをやめて下山しました。ほとんど寝ていない私は命をガイドに預けるつもりでアタックに参加しました。ちょっとルートを外れたら腰まで雪にはまってしまい抜け出すのも大変です。

高度順応していない身体は一歩を踏み出すのがなかなか大変です。すぐに疲れます。高山病で少しだけ食べたものも、胃液まで吐き出す羽目になりました。何度もあきらめよう…と思いましたが、4度の100㎞完歩やアルプス縦走の大変なことを思い出しながら、ただ、ただ登り続けました。

苦難の末、なんとか登頂しました。ガイドのデンジンさんが「よく頑張りました」と励ましてくれました。

事故は下山の時に発生しました。

メガネをはずしていたので足元がはっきり見えません。そのうえ疲れ果てていたので足元がフラフラです。垂直に近い氷壁のところでロープにエイト環をかけようとしゃがんだ時、滑って転んで、滑落しました。無意識に差し込んだピッケルが刺さりなんとか停止しましたが、右手に持ったピッケルに全身でぶら下がっていました。左手の五本の指をゆっくりと雪の中へはめ込み、次に左足のアイゼンの前針をゆっくりけりこみました。3点確保ができたので死なずに済むと元気が出てきました。無意識に差し込んだピッケルで九死に一生を得たのです。ゆうに1500メートルはある谷底へ滑落したら…と想像するだけでも背筋がぞっとします。

ベースキャンプが見えてきた時、涙がとどめなく流れました。日本の山でも何回も死にそうになったことがありましたが、泣いたことはありませんでした。ちなみに、８人のパーティーで登頂者は私１人だけでしたので玉珠山の打ち上げパーティーは大変気まずいムードでした。玉珠山から日本に戻って私はすぐ視力回復のレーシック手術を受けました。

エベレストの切符

王珠山に登った翌年の２０１０年に、私は中国の新疆とパキスタンの国境にある慕士塔格峰（ムスターグ・アタ　７５４６ｍ）と、ネパールとチベットにまたがる卓奥友峰（チョ・オユー・８２０１ｍ）に立て続けに挑戦しました。ムスターグは私が55歳の最年長（2番手が38才）でしたが、苦労しながらもメンバー12人中一番乗りで山頂に到達し、誰よりも早くベースキャンプまで戻ることができました。

しかし続くチョ・オユーで、私は人生で初めて山での挫折を味わいました。前

チョ・オユーのアドバンスベースキャンプにて。
ガイドさん達の出撃ダンス

月に7546mのムスターグに登頂したばかりの私は、いくらか高山反応が軽くなり、確かな手ごたえを感じていました。これならいける。

しかし、悪天候と大規模な雪崩が続き、待てど暮らせど一向に本部の登頂サインが降りません。本部の命令を無視して登頂を試みたイタリアの登山家は、滑落し、シェルパ達に担がれて遺体となってベースキャンプに戻ってきました。

大自然の威力を前に、私はなす術がありませんでした。それでも、8000m級の山に登った証明書がないと、エベレストへの挑戦は認めてもらえません。そう、エベレストは誰でも気軽に挑戦できる山ではないのです。幸運にも一瞬の天気の回復を見て、私は今にも雪崩が発生しそうなギリギリの場所、８０００ｍ近くまでなんとか登り、命からがらエベレストへの挑戦切符を手にすることができました。山頂を２００ｍ先に見据えながら、頂上に立てない口惜しさを味わうのはこれが初めてでした。

ちなみに、高山訓練を経て登頂し下山するまでに要する期間はだいたい、玉珠山で10日間、ムスタークは２週間、チョ・オユーは１カ月、エベレストは２カ月ほどです。55歳を超えた私の体には過酷な試練の連続でしたが、どんどん高く、そして険しくなってゆく山にも諦めることなく自分をぶつけていくことで、私の中で世界最高峰エベレストへの確かな自信が芽生えていきました。いつしか私の周りには、エベレスト挑戦に否定的な人よりも、「木元さんならできる」という応援の声の方が多くなっていったのです。

涙の別れ

登山家で実業家の松方三郎は言いました。
「エベレストは気高い心を持つ者だけが登る資格がある」

時が満ちた2011年4月1日、私は妻と娘と多くの友人に見送られ、関西空港から今にもエベレストに向けて出発せんとするところでした。いつも私たち夫婦を応援している友人の吉中軍団たちが寄せ書きと千羽鶴を手に駆けつけてくれました。出発前には別の友人からも千羽鶴を頂きました。戦争でけがをして後遺症が残った88歳のこの友人は、両手の中で唯一動かせる親指と人差し指だけを使って千羽もの鶴を折ってくれたのです。私はみんなの温かな気持ちに感動しました。そして同時に、夢、期待・不安、覚悟、いろんな想いが私の胸によみがえってきました。

娘からは「飛行機の中で読んで」と手紙をもらいました。そして、妻はただただ泣いていました。お互い何も言いませんが、これが今生の別れにならないとは

ご不自由な手で千羽鶴を折って見送りにきてくれた出田好美さん

限りません。私は妻の手を取り言いました。

「今日まで支えてくれてありがとう。必ず生きて帰ってくるから待っていてくれ」

死の覚悟がなければエベレストに挑戦はできません。しかし、死なんか怖くないという挑戦者は一人もいないと思います。実際、亡くなる方も少なくはありません。１９５３年に英国探検隊のヒラリーとシェルパのテンジンによって、人類史上初めてのエベレスト登頂がなされてから今日に至るまで、実に３００人近くの挑戦者たちが命を落とし、今もエベレストに眠って

チベットのラサ迄見送りに来てくれた弟

います。

たった一人の弟、弘基は出発地のチベットの首都ラサまで見送りにきてくれました。私の登山隊本部は標高3800mのところにあります。すでに富士山の頂上よりも高いその場所で、弟は激しい高山病に見舞われながら口では「兄貴が帰ってこないかもしれないから、先にお墓参りをしておくためにきた。」などと冗談を言っていました。しかし、最後の別れのときには私の手を固く握って、「兄貴、何が何でも絶対に生きて戻ってこいよ」と泣いていました。

私の身を案じてこんなにも多くの人が涙を流してくれるのだから、私はなんと幸せ者なのでしょうか。

過酷な訓練生活

エベレスト（英語）、またはチョモランマ（チベット語）、珠穆朗瑪峰（中国語）、サガルマータ（ネパール語）は、ヒマラヤ山脈にある世界最高峰の山です。英称エベレストはインド測量局長官を務めたジョージ・エベレストの名にちなみ命名されました。１９２０年代から長きにわたる挑戦の末、１９５３年に英国探検隊によって初登頂。それから61年の歳月が流れ、その間に多くの登山者が挑み、成功したパーティ、失敗したパーティーと悲喜こもごもでした。

私たちの登山隊「チベット聖山アドベンチャー隊」は計９人の隊で、私より年上の57歳の方が一人いたのを除けば、みんな30代、40代と私よりはるかに年下でした。エベレストの頂上まで先導を切ってくれ、時には自らの命を張ってでも私たち登山者を守ってくれるシェルパさんは、基本的に登山者一名につき一人つきます。つまり登山者はそのシェルパさんに命を預ける、いわば運命共同体となります。私のシェルパはペンパさんと言って、過去にエベレストを5回も登頂した強者でした。私はこのペンパさんに命を預ける覚悟を決めました。

エベレストベースキャンプ。5500m 附近にある墓場。

エベレスト最初のベースキャンプは海抜５５００ｍのところにあります。そしてそこから２００ｍほど離れたところに、エベレストで遭難された登山者たちのお墓がありました。ベースキャンプに到着して、私たちはまず真っ先にこの墓場に案内されました。あなた達もこうなることがありうるから、覚悟はできているかと言わんばかりです。立派な石碑もありますが、多くの場合は石を積み上げた簡易墓です。チタンのカップの裏底に名前とお国と生年月日と遭難日及び遭難場所が刻まれています。私は敬意とお悔みを持って手を合わせました。

ベースキャンプに到着してほどなく、私は激しい高山病に見舞われました。夜は眠れないし、食事どころか胃液まで全部吐き出す羽目になりました。登山を始めてわずか４年でエベレストに挑戦しにきた私にしてみれば、この高山病の洗礼は当たり前のことです。ひたすら我慢し続け、これ以上我慢したら本当に死ぬのではないかと思った時もありましたが、点滴を打ちつつどうにか耐えぬきました。ただ、残念なことに私の登山隊のメンバーの中で、まだ42歳のRさんがひどい高山病にかかり、病院に運ばれ一命は取り留めたものの、もう２度とベッドから起き上がれない体となってしまいました。

６５００m地点のアドバンスベースキャンプでは、１カ月半ほどの過酷な環境に耐えながら、高度順応訓練・氷壁を登る訓練・クレパスを渡る訓練・雪崩から脱出訓練を重ねていきました。７０００m地点まで何度も登っては降り、上っては降りを繰り返し、７５００m地点まで無酸素で登って降りることができれば、高度訓練は終了します。

アドバンスベースキャンプは昼夜の温度差がとても激しい所です。お昼はテント内が40度以上になるのに、夜中になると一気にマイナス20度まで下がるものですから、体が大変です。そしてさらに２カ月もの過酷な高山生活で、だんだん体が弱まって免疫力が落ちると、ほとんどの人はひどい咳と下痢に侵されます。こうなってくると大変です。トイレなんてありませんから、訓練中に何回も急な斜面で用を足せば、滑落の危険が常に隣合わせです。また、ひどい咳で肋骨が折れ、登頂を断念した登山者も少なくありません。有名な野口健さんも一回目のエベレスト挑戦は私と同じチベットルートでしたが、咳で肋骨にひびが入ったため登頂を断念しました。妻が持たせてくれた自社の健康食品を毎日飲んでいた私は、幸運にも下痢や咳に侵されることなく体調万全で登山に集中できたのですが、訓練中の６８００m地点のクレバスの上の急斜面で決定的な事故は起きました。

私の上方にいたMさんが足を滑らせ、滑落しながらその勢いで私を蹴り飛ばしました。私も滑落しながら10m下にいたCさんを蹴り飛ばしました。私たち３人ともすさまじい勢いで滑落して行きましたが、クレバスの固定ピンに命綱がひっかかり、巨大なクレバスの崖にロープ一本で大の男３人が吊るされた状態になったのです。何がどうなったかもわからない一瞬の出来事でした。

それに気づいたMさんのシェルパが大慌てで「絶対動いちゃダメ！」と叫びな

がら降りてきました。そして、一人ずつユマール（ロープを登るための器具）を使って脱出させてくれました。まさに首の皮一枚で繋がった命でした。小指ほどの細いロープがよくも切れなかったこと、クレパスのすぐ上の雪に打ち込んだ固定ピンがよくも抜けなかったことは、今思えば奇跡です。

後から最初に滑落したMさんが、ものすごい勢いで私とCさんに謝ってきました。私は笑いながら言いました。

「あのときMさんが、私の頭ではなく太ももを蹴り飛ばしてくれたおかげで、私は今生き延びることができているので、逆に感謝したいくらいですよ」

登山靴の裏面についている鋭いアイゼンで蹴った場所が私の頭だったら、私は即死していたに違いありません。

山の神さま

フランスの科学者ルイ・パスツールは言いました。

「幸運の女神は準備されたところにやってくる」

氷塔林の横を歩く。6300m 付近。

私たちの登山隊は2011年5月8日までに全ての訓練を終了し、後は良い天候を待つのみとなりました。6500mのアドバンスベースキャンプから、8848mのエベレスト山頂に登るには4日かかります。一日目は7020mのキャンプ1まで、二日目は7800mのキャンプ2まで、三日目は8300mのキャンプ3まで、そして四日目にエベレスト山頂に向かって最終アタックとなります。

ある意味、エベレスト登頂の鍵は天候にあります。言い換えれば、天候が悪ければ登頂どころか命を落としかねません。一番危ないのは8000mあたりから吹き荒れるジェット気流といわれる突風。日本には台風シーズンがありますが、風速30ｍほどの風ですでに体が持っていかれそうで、立っていられないと言われています。しかしエベレスト山頂付近で雪煙が巻き上がっているときの風は風速90ｍにも達し、人間など簡単に吹き飛ばされて遥か崖の下まで真っ逆さまです。

私たちの予定では５月13日アドバンスベースキャンプを出発し、５月17日山頂に立つことになっていました。しかし荒れた天気はなかなか回復の兆しを見せてくれません。13日になっても14日になっても山頂はすさまじいジェット気流が吹き荒れていました。正直、私も焦りはじめました。しかしこればかりは、山の神さまに祈るしかありません。すでに１カ月半もこの地で戦ってきた満身創痍の体、体力もそう長くはもたないだろうと思ってきました。

一日千秋の思いで一刻一刻と過ぎ去っていきました。そんな中、５月16日の朝隊に緊急集合がかかりました。不安と期待の入り混じった複雑な思いでリーダーを見つめます。

「荒れた天気はあと一週間は続く見込みです。今から衛星電話を貸しますから、一人２分間で家族に今の事情を報告してください」。

やはりだめかと深いため息をつきながら、日本の妻に電話を入れました。伝えたいことはたくさんありましたが、電話時間はたったの2分です。私は「俺を信じろ！限界を乗り越えるのが俺の得意だ。良い報告を待っていろ！」となかば強引な口調でそう言って電話を切りました。妻は泣いていました。それを夫に見せまいと我慢しているのが伝わってきました。

それが同日の夕食後に、もう一度緊急集合がありました。

「明日5月17日、山頂に向かって出発します。皆さんもう一度家族に2分間ずつ電話してください」。

テント内の空気が一変しました。妻に電話を入れましたが繋がりません。私は弟の弘基に電話しました。簡単に事情を説明した後、「5月20日は必ずエベレスト山頂に立つからよい知らせを待っていてくれ！」と言いました。弟は「絶対無理したらダメだ」などと言っていたような気がしますが、全然耳には入りませんでした。私の気持ちはとっくにエベレスト山頂に向かっていました。

リーダーの説明によると、今の荒れた天気はこの後2日ほど続き、3日目から回復に向かい、4日目は良い天気になるとのことでした。日本の平地の天気予報も当たらない時が結構あるのに、８８４８ｍのエベレスト山頂の４日後の天気予報が本当に当たるのか…という話なのですが、しかしそれはどうでもよかったです。とにかくアタックチャンスを与えてくれた山の神さまに感謝するのみでした。

最終決戦

人類初めてエベレストに登頂したエドモンド・ヒラリーは言いました。

「我々が征服するのは、山ではなく、自分自身である」

いよいよ5月17日12時頃、最終アタックへの出陣式は、山頂の荒れ吹雪くジェット気流を眺めながら行われました。登山の安全を祈願するプジャという儀式です。ピッケルとかアイゼンとかリュックなどを祭壇の周りに置き、バターを塗ります。お経が唱えられる中、みんなが順番に回られてきたお盆の米粒をつかんで空に投げます。お経が終われば、互いに小麦粉のような粉を互いの顔や服につけます。出陣式の前には、私たちの緊張感を和らげるためか、ガイドさんたちチベットダンスを披露してくれました。出陣式が終わるとすぐ出発です。もうすぐエベレストの頂点に向かうことができるのかと思うと、高ぶる気持ちを抑えることができません。

７０２０ｍのキャンプ１までは長い雪の急登ですが、とにかく我慢で焦りは禁物です。多くの挑戦者たちがここで高山病になって登頂断念を余儀なくされます。また、毎日降り積もる雪がいつ雪崩になるのかもわかりません。いったん雪崩が襲い掛かってくれば、それをよけるのは到底無理ですから、雪崩が発生しそうな場所を通るときには、「今この瞬間に雪崩が起きませんように」と祈るのみです。

キャンプ1から７８００ｍのキャンプ2までは、ノースコルと言って突風の通り口となっています。風が吹き出すとすぐに体を伏せ、地面に這いつくばってじっとしていなければなりません。どんなに顔を風の反対側に向けても、息ができない位の風が吹き荒れます。キャンプ2では前の年に、ある登山者が一緒に泊まっていたシェルパさん共々、テントごと吹き飛ばされて亡くなったそうです。大の男２人を吹き飛ばすほどの突風ですから、私たちは飛ばされないように雪にピッケルを差し込み、固定ロープにつかまって風が弱まるのをただひたすら待ち続けるしかありません。

キャンプ２から８３００ｍのキャンプ３までは、危険な場所自体はあまりありませんが、体力がかなり消耗し、一歩を上にあげるのが本当に辛く大変でした。体を前のめりにしつつ、渾身の力を絞って一歩一歩前にひたすら進んで行きます。

しかしキャンプ３にたどり着く頃には、私は山の神さまのご加護を感じていました。あれだけ激しかった山頂付近の風はほとんど止んでいたのです。「あなたは山に祝福されている。明日はきっと最高の天気になりますよ。」とペンパさんは言いました。

キャンプ３ではゆっくりすることができません。午後７時に到着し、夜中の12時に出発するからです。山頂付近のジェット気流は午前11時ごろから発生します。キャンプ３から山頂に登るには大体９時間半ほどかかるため、それを逆算してジェット気流が発生する前に下山するには、真夜中に出発しなければなりません。出発前にペンパさんが私のリュックを厳しくチェックして、荷物を最大限減らすよう忠告しました。これから先はたった100gが命取りになることもあるそうです。それでも私は出発前にみんなからもらった寄せ書きや応援幕を荷物から取り去ることはできませんでした。私は一人でエベレストに登るのではありません。応援してくれたみんなとともに世界の頂点に立ちたいのです。

デスゾーン

前述の登山家ラインホルトは言いました。

「死の危険がなかったら、クライミングは、もはやクライミングではない」

ついに頂上に向けて最後の決戦の時を迎えました。キャンプ3から頂上の8848mまでの道のりはデスゾーン、つまり死の区間と呼ばれています。私がここを通過する一週間ほど前に、日本の有名な登山家の尾崎隆さんが8600m付近で遭難しました。世界で初めてエベレスト北壁を直登し、12月の厳冬期に2回目のエベレスト登頂を果たした、植村直己特別冒険賞の受賞者です。ここデスゾーンでは、どんなに有能な登山家でも命を落とす危険と常に隣り合わせなのです。

私は先頭を歩くペンパさんに必死についていきました。途中、何度も遭難者の遺体の横を通りました。キャンプ３から山頂までは、18もの遭難者が手つかずのままで永眠しているそうです。ヘリコプターも着陸できないこの場所で遭難した場合、遺体をふもとに戻す手段がないため、そのまま放置するしかありません。万年冷凍庫状態の山頂付近では遺体の腐敗は全く進まず、中にはまだ生きていてほんのちょっと一休みをしているように見える方もいました。

８５００ｍ付近からは断崖絶壁を横切ります。これが数メートル位で終わればいいですが、２００ｍ、３００ｍと果てしなく続き、私たちの命を脅かします。断崖絶壁の横切りが一段落したと思ったら、今度は魔のステップ地獄。ステップというのは垂直に近い崖のことです。この辺りから急に遭難者の遺体が多くなってきました。何人もの命を奪った難所のキノコ岩もここにありますが、２０１３年に日本の登山者一人がここで亡くなりました。

死の鬼門である３つものステップを登り切ってからは、雪田といわれる雪の急登が始まりました。膝まですっぽりはまる雪に足を取られ、ただでさえ残り少ない体力がみるみる奪われていきます。この辺りでは一歩踏み出すのに、８回も深呼吸しなければ前に進めません。足を思うように踏み出せない苛立ちが全身の疲労に拍車をかけてきます。

私は気力を振り絞って、心の中でいつもの歌を口ずさみ始めました。山登りを始めた当初から、足を進めるのがどうしようもなく辛くなると口ずさむ歌です。
「一歩一歩、前へ前へ。いつかはきっと、てっぺん、てっぺん」
たとえどんなに辛くとも、足を一歩進めれば、目的地との距離が一歩縮まる。ただそれだけを信じて、渾身の力を振り絞ってゆっくりと、しかし確実に前に進み続けました。

どれほどの時間がたったでしょうか。「そこが山頂だ！」というペンパさんの声に顔をあげると、山頂は30ｍ先、すぐ目の前にありました。まだまだあたりは真っ暗でしたが、うっすらと、でも確かに頂上の輪郭を目がとらえたのです。体が震え始めました。そこがもう、この地球上で最も天国の母に近いところなのだと思うと涙がにじんで視界がぼやけてきました。あと20ｍ、10ｍ、５ｍ、あと１

ｍ。そして…。

エベレスト山頂で愛を叫ぶ

２０１１年5月20日午前4時50分、私はついにエベレストの頂上８８４８ｍに立ちました。まだ夜明け前で真っ暗ですが、目の前を遮るものは何一つありません。私は間違いなく、世界の頂点にこの二本の足で立っているのでした。せき止められていたダムが決壊するかのように何十年分もの想いが一気にこみ上げてきました。望まれなかった私の誕生、泥水を舐めるような貧乏生活、文化大革命と父の自殺、そして何より苦労を掛け続けて何一つ恩返しができなかった母への後悔。

私は、万感の想いで夜空に向かって叫びました。

「お母さん、ありがとう！」

全身全霊で思いっきり叫んだつもりでしたが、涙が溢れ、喉が詰まり、声にならないかすれ音が風の音にかき消されていきました。私は全ての力を絞って、何

エベレスト山頂にて。「母さん、父さんに叫ぶ」

度も何度も叫びました。

「お母さんありがとう！」

「お母さん、生んでくれてありがとう！」

そして続けました。

「お父さん、ありがとう！今まで恨んできてごめんなさい！」

37年間恨み続けてきた父に対して、この時やっと心からそう思うことができたのです。

夜空には満天の星が煌めき、まるで長かった私の挑戦の成功を祝福してくれているかのようでした。満月に近いお月さまを仰ぎ、きっと妻も今この月を眺めて私の身を案じているのだろうと思うと、必ずここから生きて日本に帰るのだと、改めて固く決意しました。私はすぐに下山を始めました。頂上に立っていたのは、時間にしてわずか10分ほどだったと思います。

そこからはあまり記憶にないほど、とにかくもう無我夢中で下山しました。一気に２３００ｍを駆け下りて、その日のうちに６５００ｍ地点のアドバンスベースキャンプまで降り、次の日には３８５０ｍにあるチベット第２の都市、シガツェのホテルまで下りてきました。私はホテルのベッドに倒れ込むようにして深い眠りにつきました。どれほどの時間がたったでしょうか、うっすらと目を覚まして色鮮やかなホテルの天井が目にとびこんできたとき、初めて「あぁ、私はまだ生きているんだなぁ…」という実感がこみ上げてきました。

五体満足で帰国

エベレスト登頂から6日後、私は指一本かけることなく五体満足で関西空港に舞い戻ってきました。夜11時に到着したのにもかかわらず、たくさんの人が到着出口で待っていたのです。

扉が開いた瞬間、他の誰をも押しのけて飛びこんできた人物がいました。妻でした。泣きながら2カ月ぶりの抱擁をかわし、無言でただお互いに生きて再会できた喜びを噛み締めていました。後で娘が言うには「あの時は夫婦だけの空間だった。たとえ実の娘の私でも割って入ることができない様な特殊な空気だった」と笑っていました。

2011年5月27日。無事関空に帰って来て、妻・聖花の熱烈歓迎を受ける

そして妻の後ろには、出国の時と同じく多くの友人が待っていました。「祝・木元正均エベレスト登頂」という手作りのどでかい横断幕を広げていた吉中軍団たちは、夜のひっそりとした関西空港で相当目立っていたに違いありません。生きて帰ってきたんだなぁと言う2度目の実感が私の全身を温かく駆け巡るのでした。

後から聞いた話なのですが、私はキャンプ3から頂上までの平均登頂時間、9時間半の半分近い、4時間50分で登頂できたそうです。エベレストのチベット名「チョンモランマ」は「聖なる母の峰」という意味なのですが、もしかしたら、天国の母への想いに共感した「聖母峰」が、私を最も安全に、最も早く頂上まで導いてくれたのかもしれません。

また、妻や娘や姉弟だけでなく、多くの方々が毎朝神社で手を合わせたり、毎晩月に願掛けをしたりと、心から私の無事を祈ってくれていたようです。本当にたくさんの方の想いとともに私はエベレスト山頂に立ち、たくさんの方の祈りに支えられて私は再び生きて日本の土を踏むことがかないました。この感謝は、私の残りの人生をかけて、少しずつお返ししていきたいと思っています。

登頂後のいま

エベレストから帰ってきた後、姫路市の最も大きいホールで千人もの人々を前にエベレスト登頂記念講演会を開きました。これを皮切りに、私はこれまでに学校や企業、団体などで１００回以上の講演をさせて頂く機会がありました。登山を始めてわずか４年の56歳の男が、しかも初挑戦でエベレストの山頂に立ったということで、新聞やテレビなど様々なメディアにも取り上げて頂きました。

しかし、今の私がいるのは決して私一人の力ではありません。貧困の壁、歴史の壁、社会の壁、大きな壁に何度もぶつかり、苦しみもがいて絶望を感じた時にはいつも、家族、友人、仲間、支えてくれる人たちがそこにいました。母に感謝を伝えるという自分なりの人生の夢がかなった今、私の現在の目標は家族や友人、そして私を生かしてくれたこの社会に少しでも感謝を還元してゆくことです。

私には自分の人生を通じて皆さんに伝えたいことが2つあります。一つは「生きているうちに親孝行してほしい」ということ。もう少し楽になったら、もう少し時間ができてからなどと考えていても、自分が本当に親孝行できるようになった時に、そこに親がいるとは限りません。やっとこれから親孝行ができると喜んだ瞬間に、もう二度とそれが叶わなくなってしまった無念や悔しさを誰よりも知っている私は声を大にして言いたい。大げさなことじゃなくていい、ただ両親を目の前に「生んでくれてありがとう。」と伝えることから始めてもいいのですから。

私がお伝えしたいもう一つのこと、それは「夢は叶う」ということです。

人生には苦しいことがたくさんあることは、私も身を持って体験してきました。

自分の力ではどうにもならないことも山ほどあるでしょう。しかし、そこで夢を諦めてはなりません。夢を叶えることができた人というのは、純粋に、夢を叶えるまで努力することを止めなかった人なのですから。命ある限り、また自分を支えてくれる兄弟や家族、友人がいる限り、ほんの数センチずつでも私たちは前に進むことができます。そして何年かかろうと、何十年かかろうとも、その歩みを止めることがなければ、いつか必ず頂点に立つ日が来ることを私は信じています。

「一歩一歩、前へ前へ。いつかはきっと、てっぺん、てっぺん。」

コラム⑤：からだ力　～エベレスト三種の神器～

「食」には私たちの明日を変える力がある。ひいては、全人類の未来をも変える力があるのかもしれない。

現在、私は妻と共に漢方食品、健康食品の㈱マルセイを経営していますが、日本に来てから20年以上ずっと「食」に携わる仕事してきた者として、今本気で冒頭のように思うのです。体格も大柄ではなく、特別なトレーニングなども一切積んでこなかった私が、56歳にして、しかもエベレスト初挑戦で登頂に成功できたのも、長年「食」を大切にし、それによって基礎が作られた「からだ力」があったからであると思えてなりません。

昼は40℃の直射日光に、夜は零下20度まで下がる毎日。薄くなってゆく酸素と極度の乾燥。言うまでもなく地球上で最も過酷な環境で２カ月を過ごした私ですが、仲間内では若い人たちでも次々と食欲不振になったり、体調を崩して入院してゆく中、私は風邪一つひくことなく、万全の状態で世界最高峰に挑み、平均の約半分の時間で登頂することができました。自分自身の「からだの底力」に驚き、そして改めて「食」の大切さを痛感するばかりです。

私が「エベレスト三種の神器」と呼び、世界最高峰にまで持って行った3つのものがあります。一つ目は「醗酵玄米菜食ギャバ」という栄養満点の万能食品。どんなに食欲がない時でもこれで簡単に栄養補給し、胃腸を整えてくれたおかげで、ほとんどの人が侵されたひどい下痢から逃れることが出来ました。

二つ目は「柿参《カキジン》」という高麗人参たっぷりのエナジードリンク。日々の登山訓練で体力が限界に近づく中、一口で体にパワーを与えてくれる柿参はどんな時も手放せませんでした。周りがろっ骨を折るくらいのひどい咳をしている中で、柿参は私の喉も救ってくれたのです。

三つ目は「オムニスト」という発酵食品からつくった天然化粧品。56

歳のおじさんが化粧品？と思うかもしれませんが、標高８０００ｍの世界では直射日光が地上の何倍も肌に突き刺さるのです。他のメンバーは皮膚がボロボロにただれ、見るのも痛々しくなってゆく中で、私の肌は荒れることもなくいつも顔色が良いとみんなに羨ましがられました。

この3つは手前味噌ながら、私と妻が共に開発したマルセイのオリジナル商品です。別に自社商品の宣伝をするために、命を懸けてエベレストに登ったわけではないのですが、「健康食品会社の56歳の社長が、自社商品のおかげでエベレストに登った」という風の噂が広まり、おかげさまで登頂後はより一層人気が出るようになりました。わが子のように想いを込めて作っている商品たちですので、たくさんの人に愛されて私も妻もとても嬉しく思っています。ちなみに化粧品のオムニストは、ニューヨーク国際メイクアップアーティストだった娘が総合プロデュースしていて、化粧品事業は娘の会社と一緒に展開しています。

そういえばエベレストから帰ってくるときに、全く体調を崩さなかった私を不思議に思った仲間たちが「一体どんな秘密を隠しているんだ？」と聞いてきたのでこれらの商品のことを話したら、「ずるい、残りは全部置いていけ～！」と言って、残りを全て取られてしまったのはいい思い出でした（笑）

今後も「健康食品会社の社長」として、そして「エベレスト登頂した者」として、「食」の大切さや「からだ作り」の必要性などを、私の人生を通じて発信していければ幸いです。

◆おわりに

生まれてはならない運命の胎児がいました。生まれても産声をあげられない、もう少しで山の墓場に持っていかれる赤ん坊が、奇跡的にこの世に命を繋ぎました。飢えと貧乏、そしていじめに苦しめられながらも、少年は耐え抜いてきました。文化大革命のいばらの道を、青年は満身創痍ながら屈することなく、前へ前へと進みました。どんな逆境でも諦めずに、最後まで一歩ずつ歩みを進めた結果、私はついにエベレスト山頂にまでたどり着くことができたのです。

これまでの人生を振り返ってみれば、私は「家族愛」によって大きく救われ、大きく磨かれてきたような気がします。母からは「大黒柱として体を張って家族を守ろうとする絶対的な愛」を教わりました。母は私の命の恩人であり、偉大なる人生の先生であり、常に私の夢や指針となっていた人でした。

3人の姉と弟からは「自らの犠牲をもいとわない深い姉弟愛」を教わりました。彼らは共に歩み続ける同志であり、困った時にいつでも頼れる頼もしい存在であり、私の行く先を照らし続ける太陽です。

妻は私の枯れた心にそっと愛の灯をつけてくれました。それは大きな炎となって、やがて火山が噴火するような激しい愛を私に与え、同時に、暖炉の炎のような温かく心地よい愛で私を包んでくれました。妻は私の愛の天使であり、旅の伴侶であり、心の拠り所です。

娘は私に「親になる喜びと責任」を教えてくれました。そして自分の父と母がいかに私のことを愛してくれていたのかという気づきを与えてくれました。普通ではない環境の中、愚痴ひとつこぼすことなく強く美しく育った、私と妻の自慢の娘。娘の存在はいつでもわが家の希望の光であり、幸せの泉です。

そしてこの本を出版するにあたり、道すじをつけてくれた日本経営開発協会・関西経営管理協会の鳥越孝理事長、ご指導を賜ったぱるす出版の春日社長をはじめ、現在までの私の人生を温かな心で支えてくれた多くの方々に、この場を借りて深く感謝申し上げます。

アメリカの格言には「あなたが生まれたとき、あなたは泣いて周りの人は笑っていたでしょう。だから、あなたが死ぬときは、周りの人が泣いて、あなたは笑うような人生を送りなさい」とあります。私が生まれたとき、私は衰弱しきって泣けなかったし、周りの人も誰も笑ってくれませんでした。しかし、私が死ぬときは、周りの人がたくさん泣いて私は静かに笑えるような人生を、今後送っていきたいと思います。

最後になりましたが、2014年4月18日に発生した、エベレスト史上最悪の雪崩で犠牲になったシェルパの皆さま、そしてこれまでにエベレストで生涯を終えてしまった全ての勇者の皆さまに心から追悼の意を捧げます。

2014年9月吉日

木元 正均

1983年11月19日。婚約記念。

木元正均《きもとまさひと》プロフィール

昭和30年中国吉林省龍井市生まれ。小学生の時、文化大革命の激しい洗礼を受ける。

吉林大学、同大学院で日本語を専攻。大連外国語大学日本語学部の専任講師となる。平成3年8月姫路獨協大学に留学。日本語語源学会会長・吉田金彦教授の下で日本語と中国語、韓国語の関係について研究する。姫路日本語学校、ヤエガキ酒造㈱での勤務を経て、平成10年10月渡米し、翌11年12月まで英語とアメリカ文化を勉強する
平成19年、日本国籍取得。この年から本格的な登山をはじめ、2年半で日本百名山と海抜3000 m以上の山を踏破。

平成21年10月、玉珠山（ギョクシュザン・6178 m）を皮切りに、慕士塔格峰（ムズターグ・アタ・7546 m）、卓奥友峰（チョーオーユ・8201 m）に挑戦。

平成23年5月20日、4時50分エベレスト（8848 m）登頂に成功。

趣味は詩吟と俳句。


現在、「日中文化の違い」「エベレストに懸けた夢」「命・愛・絆」「逆境にありがとう」などのテーマで学校、企業、団体、自治会などで講演多数。

「ふれあい山歩こう会」代表。

㈱マルセイ代表取締役（漢方食品、健康食品の製造販売）

連絡先、兵庫県姫路市安田4-80アビックス駅南大路8A　〒670-0955
電話：079-287-0888・FAX：079-287-0877

天国の母に届け！　お母さん　生んでくれてありがとう！

平成26年10月8日　初版第1刷発行
平成28年6月19日　初版第2刷発行

著　　者　　木元正均
発 行 者　　春日　榮
発 行 所　　ぱるす出版株式会社
〒113-0033　東京都文京区本郷2-25-6
ニューライトビル1024
TEL. 03-6801-6360　Fax. 03-6801-6361
http://www.pulse-p.co.jp

デザイン　ヨシノブデザイン

印刷製本　ラン印刷社

ISBN　978-4-8276-0237-1 C0036